薪酬设计三板斧

激活人效的人心人性人生逻辑

舒瀚霆 著

SPM 南方传媒 广东经济出版社
·广州·

图书在版编目（CIP）数据

薪酬设计三板斧：激活人效的人心人性人生逻辑 / 舒瀚霆著. —广州：广东经济出版社，2023. 10
ISBN 978-7-5454-8933-0

Ⅰ. ①薪…　Ⅱ. ①舒…　Ⅲ. ①企业管理—工资管理　Ⅳ. ① F272.923

中国国家版本馆 CIP 数据核字（2023）第 138323 号

责任编辑： 周伊凌
责任技编： 陆俊帆

薪酬设计三板斧：激活人效的人心人性人生逻辑
XINCHOU SHEJI SANBANFU: JIHUO RENXIAO DE RENXIN RENXING RENSHENG LUOJI

出版发行： 广东经济出版社（广州市水荫路 11 号 11 ~ 12 楼）
印　　刷： 佛山市迎高彩印有限公司
（佛山市顺德区陈村镇广隆工业区兴业七路 9 号）

开　　本： 730 毫米 ×1020 毫米　1/16　　**印　　张：** 16.75
版　　次： 2023 年 10 月第 1 版　　**印　　次：** 2023 年 10 月第 1 次
书　　号： ISBN 978-7-5454-8933-0　　**字　　数：** 237 千字
定　　价： 68.00 元

发行电话：（020）87393830　　编辑邮箱：gdjjcbstg@163.com
广东经济出版社常年法律顾问：胡志海律师　　法务电话：（020）37603025
如发现印装质量问题，请与本社联系，本社负责调换。

序

人才不贵，庸才最贵

乍看到这个标题，很多老板可能会误以为，笔者写这本书的目的是让大家学会如何辨识人才。

其实并非如此。现代管理学之父彼得·德鲁克曾有一句名言：企业管理的成就，不在于拥有多少天才，而在于企业如何更好地激励员工，发挥员工的优势。

换言之，**成功企业家的评判标准并不在于招揽了多少天才的员工，而在于能用激励的方式，让多少平庸的人变成优秀的员工。**

笔者曾帮助一家公司制订薪酬改革方案。这家公司在当地生意做得很大，声望也很高。然而，令老板头疼的是，虽然企业营业额很高，但利润率却低得可怜。

当我们深入了解这家公司的情况后，惊讶地发现该企业问题远不是一个“利润率”指标能够说清楚的。这家公司用同行业近乎最高的工资待遇，创造了全行业近乎最低的利润。

换种说法，这家公司花着大笔大笔的钱在养闲人、养懒人、养庸人。这些人拿着高昂的工资（但员工们并不这么认为），创造着极低的价值，导致企业人效奇低，利润率很难提高，而那些看似庞大的营业额，只不过是用人数堆积起来的“面子工程”罢了。

在笔者过往的管理咨询服务中，类似的状况屡见不鲜，而导致企业利润率低，人效低下的根源，并不是薪酬本身，而是不合理的薪酬激励方式。

利益在哪里，激励就在哪里；激励在哪里，绩效就在哪里。

这是自企业诞生以来从未变过的“管理学真谛”，是最基本的人性准则，员工们遵守这一人性准则，并完全遵照行事。但是，现实并非如此，利益在哪里，绩效并不一定就在哪里。所以，想要让你的员工从“庸才”变成“人才”，甚至成为“天才”，我们不仅仅需要明确地告诉员工其利益在哪里，还要有恰当的利益分配方式。

而这一切，是完全可以由老板决定的。如果老板有一套好的薪酬方案，就可以让员工按照我们想要的方向，为自己的利益而奋斗，从庸才蜕变成人才。如果老板采用一套糟糕的薪酬方案，就会让员工唯利是图，误入歧途，从人才退步成庸才。

那些受到正向激励，从庸才蜕变成人才的员工，会在能力、绩效等方面表现出卓越的水准，为企业创造更大的价值，极大地提升企业的人效，提高企业的利润率。相反，那些没有受到正向激励，从人才退步成庸才的员工，其能力和绩效也会随之退步，不仅无法为企业带来高价值，还会极大地降低人效，成为企业的负担、累赘，阻碍企业前进的步伐。

当下这个时代，人才其实并不贵，真正贵的是庸才。如果我们能在“人才”身上投入足够的精力，设计出好的薪酬方案，他们所创造的价值，足以作为回报。但是，庸才则不然，他们没有创造出价值或创造出低价值，却需要我们花钱，甚至花大价钱去养活，这些都是错误的薪酬激励方式惹的祸。

因此，如何让企业里的人才越来越多，庸才越来越少，如何让企业里的庸才蜕变成我们期待的人才，这才是笔者写这本书的目的，是笔者想要告诉各位老板和管理者的内容。

从M公司，看绝大多数企业的薪酬痛点

2022年底，长三角地区一家新能源材料公司（以下简称M公司）找到笔者的团队，希望我们可以接手他们公司推行到一半的薪酬改革。

当笔者的团队进入M公司后，大量问题随之而来。不过，真正令人头疼的是，这家企业从薪酬设计的源头便误入歧途，走向了一个错误的方向。

他们没能真正理解“激励”的含义，也没有充分利用薪酬的真实价值，使得薪酬方案与企业需求相左，与企业发展脱钩，与老板意愿相悖。

笔者的团队在进入公司后不久，就有人向笔者吐槽说：“这家企业的老板更像慈善家，而不是企业家。”

笔者能明白他的言外之意。这家企业给员工开的工资很高，普遍高于长三角地区同行业友商的工资水平。可是，这些员工为企业带来的绩效却低得可怜，不仅远远低于同行业友商的领先水平，甚至低于长三角地区的平均水平。在这种情况下，这家公司还在不断推进年度普调和个别调薪，不停地给员工涨工资，并且加班费极高，可是带来的效果呢，员工的业绩却一年不如一年。正因为如此，这家企业的老板才下定决心想要对公司的薪酬体系进行一次彻底的改革。

了解到这个背景后，笔者和团队对这家公司的薪酬进行了全面的调查、诊断和分析，陆续发现了公司内部薪酬方面的问题。

这家公司原本是从事传统制造业生产的，后来逐步转型，成为一家新能源材料的研发、生产和供应商。在过去的几年时间里，由于大环境和政策利好，这家企业的发展可谓一帆风顺。

尤其是在转型期和快速发展期，为了快速进入新能源赛道，这家企业采用了“50分位留住企业核心人才，75分位招聘关键人才，90分位从外部挖尖端人才”的策略。得益于这个策略，这家企业在短短几年时间里便发展成为长三角地区新能源行业一支不可忽视的新生力量。

然而，当企业从快速发展期过渡到成熟期时，为了适应外部环境的变化，企业对战略目标作出了相应的调整，一调整，原有的薪酬方案及其策略的弊端便显露出来。

尤其是在后红利时代，市场大环境的变化致使企业效益持续下滑，利润空间越来越小，人效一直在持续下滑。企业绩效在下降，但是，员工的工资没有下降，并且以肉眼可见的速度不断攀升，这无疑加重了企业的成本负担，原有的薪酬方案和激励策略已经沦为拖累企业的沉重负担。

为此，这家企业曾邀请外部的咨询顾问公司对其过往的薪酬方案进行改革。然而，前期的改革并不顺利，企业将过多的精力放在薪酬结构的调整上，打造出一套分技术岗P序列与管理岗M序列的职级体系和“固定工资+浮动工资”的宽带薪酬结构。

这一薪酬结构貌似是科学的，但在具体的执行中，由于企业缺乏高浮动绩效文化作为“土壤”，也没有过硬的绩效管理和考核方法作为依凭，致使浮动工资的考核失效，失去了浮动性，彻底沦为“名存实亡”的固定工资。

最明显的问题出现在“年终奖”上。这家公司的老板对年终奖有一种近乎痴迷的偏执，酷爱通过年终奖来激励员工，并且给每个员工都制订了年终奖计划。上至企业的高管，下到普通员工和基层生产人员，无一不设年终奖。但是，这给企业薪酬带来以下两个极为严重的问题。

第一，这样的年终奖设置缺乏实用性，反而给企业发展造成危害。这家企业规定，所有员工的年终奖都与企业的整体盈利情况挂钩，这样的设置极不合理。

我们都知道，企业的盈利情况往往与企业高层的决策、管理和政策有直接关系，与基层员工关系甚微。基层员工除了执行以外，根本无法影响到企业的战略和经营决策，更不能左右企业的战略发展走向，也不能直接决定企业盈利情况。因此，将企业盈利情况与他们的年终奖挂钩，是不妥当的。

第二，对于基层员工来说，他们认为年终奖就是从日常工资中累积出来的，无论事实是否如此，他们都会坚定地认为自从有了年终奖，日常发到手里的钱就变少了。这对基层员工来说是一个非常敏感的问题。他们很可能因此而离开公司，尽管另一家公司的工资更低。事实也恰是这样，M公司在进行薪酬改革之前的一年时间内，离职率已经高得离谱，优秀员工和熟手员工大量流失，公司用高薪养着一大批不愿意离开且能力平庸的人。

当公司所有员工都有年终奖的时候，企业内部会形成一种普遍的心态，认为年终奖就是员工该拿的那部分钱，是理所当然的收入。而当薪酬变得理所当然，就不再是对员工的激励，转而成为一种福利。

众所周知，薪酬是一种激励，而不是一种福利。激励是个性化的，而福利具有普适性。如果企业未能分清两者的区别，将薪酬由激励变成福利，薪酬的价值也就消失了。员工若是等不到拿年终奖的那一天，他就会觉得自己理应获得的钱被老板克扣了，内心就会产生“不公平感”。

因此，在竞争加剧，行业后红利时代到来，企业整体业绩下滑，M公司取消所有人的年终奖的时候，大部分员工抱着“不公平”的心态，愤愤不平地骂着老板，毅然决然地离开了公司。

其实，M公司存在的这些问题反映的是大多数企业所面临的薪酬痛点，那就是：工资越发越多，但薪酬水平和薪酬结构不合理，薪酬的激励性消失，员工无法从企业的薪酬设计中获得足够的激励和挑战，进而导致目标缺失，绩效下滑，甚至影响到企业的整体发展，最后影响到企业战略的落地与达成。

解决这类问题其实并不困难，企业只需从三个环节入手，做好薪酬设计的“三板斧”。接下来，笔者就分别介绍一下薪酬设计的“三板斧”。

目　录

一板斧：明确你的付薪理念

二板斧：设计你的薪酬方案

三板斧：完善你的管理制度

一板斧：
明确你的付薪理念

让优秀的人富起来，让懒惰的人慌起来，让观望的人动起来！

开始阅读前的问卷调查

请按实际情况，在10分钟内完成问卷的填写。

一、问老板

1.贵公司的战略目标是什么？计划分为几个阶段去实现？每个阶段的内容分别是什么？第一年、第二年分别要实现什么目标？

①______________________________

____

②______________________________

____

③______________________________

____

2.贵公司的战略目标如何实现？企业对此做了怎样的安排？您认为这些安排能确保企业的战略目标实现吗？

①______________________________

②______________________________

③______________________________

3.贵公司的战略目标在薪酬体系中有所体现吗？具体是如何体现的？您认为这样的薪酬体系能推动企业的战略目标实现吗？

①______

②______

③______

4. 贵公司的企业文化是什么？企业的愿景使命是什么？您的价值观是什么？你的经营理念是什么？

①______

②______

③______

④______

5. 贵公司的企业文化在薪酬体系中有体现吗？具体是如何体现的？贵公司是否形成了适应企业的薪酬文化？企业和员工是否达成了共识？

①______

②______

③______

④______

6. 企业的业绩增长速度比薪酬增长速度快吗？企业的利润增长速度比薪酬增长速度快吗？企业的人效增长速度比薪酬增长速度快吗？

①______

②______

③______

二、问管理层

1. 你清楚公司的战略目标吗？

□清楚　　□不清楚

2. 你清楚如何实现公司的战略目标吗？

□清楚　　□不清楚

3. 你清楚有哪些路径或方案可以实现公司的战略目标吗？

□清楚　　□不清楚

4. 这些路径或方案的执行与你下属团队的薪酬有关系吗？

□有关系　　□没有关系

5. 你清楚下属团队的薪酬对路径或方案的执行有强关联吗？

□清楚　　□不清楚

6. 你的下属团队能在实现目标之后轻松核算出自己的薪酬吗？

□能　　□不能

三、问员工

1. 你知道公司为什么给你发工资吗？

□知道　　□不知道

2. 你知道你的工资是怎样计算出来的吗？

□知道　　□不知道

3. 你知道你什么时候可以涨工资吗？

□知道　　□不知道

4. 你知道做哪些工作可以拿到更多的工资吗？

□知道　　□不知道

5. 你知道怎样做可以拿到更多的工资吗？

□知道　　□不知道

6. 你知道自己在公司有哪些发展空间吗？

□知道　　□不知道

18 个调查小问题，相关答案诊断

●欢迎访问瀚霆管理咨询官网（http://www.hantingguwen.com/）查询相关问卷调查结果，我们会根据您的选择诊断相应的薪酬问题，并给予相应的建议。

●您也可以关注微信公众号“瀚霆方法论”，搜索“《薪酬设计三板斧》薪酬诊断反馈建议报告”，或者添加微信号“18924138467”，获取相关薪酬问题诊断报告。

第一章

战略、文化和人性，薪酬诊断的3大内因！

我们进入M公司后，第一件事就是从我们自主开发的薪酬调研内容库中提炼出最有效力的18个问题，对M公司的老板、管理层和员工进行访谈。

针对老板，我们分别就企业的战略、文化和薪酬进行了提问，目的是了解公司薪酬方案与企业战略、企业文化的契合度，以及老板是否意识到**薪酬来自企业战略与文化，同时又是达成企业战略目标和建设企业文化的最底层力量。**

针对管理层，我们询问的多是企业战略落实的路径、策略与方法，因为管理层是连接老板与员工的纽带，关系着企业战略和企业文化的具体执行。问这类问题，是想要搞清楚企业战略是否与企业的薪酬体系切实挂钩且形成强关联，企业中层是否用好了薪酬这个可以让战略落地和实现绩效目标的最有力工具。

对于员工，我们的问题则更为具体，其目的是了解企业的薪酬设计是否根植于员工的内心，企业是否通过薪酬将企业战略落实到最基层，以及员工是否清楚老板制订的“游戏规则”，薪酬对达成企业战略目标和建设企业文化的力量是否如老板所愿，薪酬这一实现企业战略绩效目标的工具是否被管理层利用好。

访谈的结果在我们的预料之中。M公司的老板和管理层阐述的企业战略和文化只是一些虚泛的概念和文字游戏，激扬的文字和高大上的口号背后实际上空洞无物，更无法准确地讲清实现企业战略的逻辑路径和行动方案。更糟糕的是，他们根本没有意识到薪酬与战略、文化之间的紧密关系。

同时，员工也没有理解企业的“游戏规则”（但老板和管理层都认为员工是完全理解并清晰的），不清楚自己如何才能获得更高的收入，不知道自己的能力和本事要如何发挥，精力全都白白损耗在“无用功”上，员工生存与发展完全是靠对上司和公司的“猜”和“悟”。

事实上，M公司的这类问题在其他企业中也十分常见。笔者将这些问题归结为薪酬设计最核心的3个底层逻辑。

第一，企业薪酬设计无法与企业战略契合。

第二，企业薪酬设计与企业文化不一致。

第三，企业薪酬设计不得员工人心，不顺员工的人性，不应人才的人生。

01

你的薪酬设计，是否契合你的企业战略?

我们常说，钱不是万能的，但是没有钱是万万不能的。同样，对于企业来说，薪酬不是万能的，但没有好的薪酬设计，想要解决企业的问题，实现企业的战略目标，也是万万不可能的。

如何驾驭薪酬，利用好薪酬，让薪酬的价值最大化，往往是老板们操心的关键问题。最好的薪酬设计，能够帮助企业解决那些最根本、最核心的问题。

对于一家企业来说，最根本、最核心的问题，往往就在于如何精准、高效地落地和执行企业战略。企业的其他问题大都是从这个问题中延伸出来的。因此，解决了这个根本问题，其他问题就会迎刃而解。

相反，如果企业没有将薪酬设计根植于企业战略之中，与战略形成强关联，只是单纯利用薪酬设计技术和方法来进行“外科手术式”的“治疗”，往往无法准确诊断薪酬体系的病因，更无法根治薪酬问题。最终，薪酬设计只能帮助企业解决一些眼前的、临时性的、阶段性的、“打补丁式”的问题，无法建立起支撑企业长远发展的系统性方案。

因此，对于任何一家企业来讲，**想要做好薪酬设计，首要的问题就是搞清楚自己的企业战略到底是什么。**这是薪酬设计的起点，也是薪酬设计的关键。

笔者接触的众多企业中，绝大多数老板和管理者都可以将企业的战略娓娓道来，侃侃而谈。当今时代是一个充满不确定性的时代，也是一个战略满天飞的时代，搞清楚企业战略到底是什么，是笔者在二十多年的企业经营管理咨询生涯中，切入每个企业时最消耗精力的工作，在此，笔者就不展开来谈关于企业战略的话题，而是回到我们的主题薪酬设计上来。绝大多数老板和管理者对薪酬与战略的理解存在一定的混淆。因此，他们在薪酬设计的一开始就走向了错误的方向。

下面笔者想借助美国心理学家罗伯特·迪尔茨的一个思考工具——理解的六个层次来进行梳理。在人们的思维过程中，对事物的理解包含六个层次，它们分别是：环境、行为、能力、价值观和信念、身份、系统。对于企业，我们也可以用这六个层次来进行梳理。

企业思考战略的六个层次

环境，是一个人理解事物的第一个层次，也是企业思考战略的六个层次（见图1–1）中最基础的一个层次。当我们遇到问题时，脑海中冒出来的第一个问题，往往就是“我在哪儿”，这也就是我们对环境的理解。

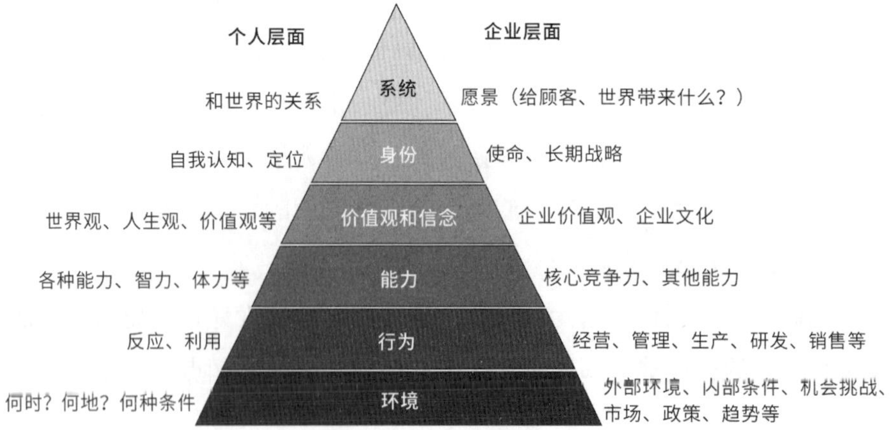

图1–1　企业思考战略的六个层次

在企业的运作中，环境往往是最基础和最直接的影响因素，它通常包括企业的发展状况、企业的经济社会环境、科学技术环境、法治政策环境、发展趋势等一切影响企业发展的外部因素。

很多时候，环境对企业的影响是最直接的。比如，在改革开放的红利期，国内经济高速发展，这时很多企业依靠这个市场发展的历史机遇起家，发展成为实力强大的企业和知名品牌，比如娃哈哈、希望集团、万向集团等，这样的企业和品牌不胜枚举。到了互联网高速发展时期，有很多企业依靠互联网的红利成为超级巨无霸企业，比如阿里巴巴、腾讯、百度等。

M公司也是在大环境和政策利好的时期，由传统制造生产型企业转型成为新能源材料的研发、生产和供应商，快速度过转型期，迅速进入高速发展期，可谓一帆风顺。

当然，改革开放的红利期也好，互联网发展带来的历史机遇也罢，对所有企业都是平等的，那为什么有的企业成功了，而有的企业失败了呢？原因就在于，不同的企业在相似的环境中采取了不同的行为。行为，是一个人理解事物的第二个层次。当我们遇到问题时，除了会问“我在哪儿？”，往往还会思考“我在干什么？”，这就是对行为的理解。

在企业的运作中，行为也是一个关键环节。它是企业在经营过程中的具体行动，是对环境的回应、反馈和利用。一个企业之所以能够成功，往往是因为自身行为与内外部环境充分互动。

M公司快速进入新能源赛道，采用“50分位留人，75分位招人，90分位挖人”的薪酬策略，在短短的几年时间里发展成为长三角地区新能源行业一股不可忽视的新生力量。

现实中，绝大多数情况下，我们采取的行动受制于另一个因素，那就是能力。能力，是一个人理解事物的第三个层次。能力决定了一个人的行为，同样也决定了企业的战略和方法。

比如，对于一个既有研发能力又有生产能力，同时兼顾市场销售能力的企业来说，它抢占市场份额的方式可以是多样的，制订的策略也是丰富的。反之，如果一家企业只有生产能力，那么它对市场的把控能力就很弱，同时缺乏必要的能力去支撑自身的经营策略。

M公司能采取上述人才竞争的薪酬策略，并且迅速付诸行动，是需要相应的能力的，除了财务能力，最重要的就是决策能力，那么是什么原因促使M公司作出了这个决策呢？

在能力之上，一个人理解事物的第四个层次，是价值观和信念。所谓价值观和信念，就是决定一件事的动机、意义和价值，也就是问自己“我为什么要做这个？”。价值观和信念，往往可以说服我们自己，提供做事的强大内驱力。

在企业的运作中，价值观和信念也是极其关键的一环。比如，一些企业有着很强的研发实力，可是企业的“雄心壮志”并不在此，他们不想搞研发，只想挣“快钱”。这样的价值观和信念驱使他们放弃了自己顶尖的研发人才，转而去追求能够短期见效的销售人才。

M公司通过人才竞争策略吸引并组建成功的就是尖端的研发人才队伍，这也是M公司成功从传统制造生产型企业转型成集新能源材料的研发、生产和供应于一身的企业的原因。

一个人的价值观和信念，往往受这个人的“身份感”所影响。所谓身份感，是一个人对自我身份的一种认同感，也就是“我认为我是一个什么样的人”。身份，是一个人理解事物的第五个层次。

对于企业来说，“身份”同样是一种自我认同，也就是“我这家企业应该是一家怎样的企业”。

马云在创立阿里巴巴时曾说，他要创造一个能活102年的公司，让它跨越3个世纪。这就是一种企业身份感。同样，华为也有着极强的身份感，这一点从它的名字就能看出，“华为华为，中华有为”。单单是名字，就已经表明它对自己身份的看法了。

无论是一个人，还是一家企业，有了清晰的身份认知，才会产生对自我身份的认同，才会感受到自己存在的价值，提升自身的完整性。M公司也是如此，其当前的身份不是一家低端的传统制造生产型企业，而是一家新能源材料行业的高科技企业。

在身份认同这个过程中，我们会对“小我”有一个更清晰的认识，同时也开始追求和探索“小我”之上的更崇高的价值和意义，探寻更深层的内涵。

这就像氢原子和氧原子的结合，在构成完整的“小我”后，会组合成为更大的“自我”，变成一滴水。而水本身，又是构成江河、海洋这些更大东西的一部分。

企业也是如此，如果把企业看作一个“小我”，那么比“小我”更大的系统就是行业、社区、市场，企业是行业和社区的一部分，属于行业和社区；比行业和社区更大的系统是国家、民族，企业是国家和民族的一部分，属于国家和民族；而比国家和民族更大的系统就是世界，企业是世界的一部分，属于这个世界。

我们也是如此，当我们（人和企业）达成身份的满足后，就会继续上升到更高的一个层次，就是一个人理解事物的第六个层次，也就是最高的层次——系统。

在企业的运作中，企业一旦产生了身份认同，就会以自己认可的身份，不断寻求更高更大的价值，追寻它在这个世界上更深层的意义。

比如，苹果公司渴望让全世界所有人都用上电子计算机；三星公司渴望为全人类服务；IBM公司希望带动全人类的发展；惠普公司希望为世界科技的发展做出贡献；可口可乐公司致力于不断改变世界；海尔公司则希望敬业报国，为国家做出贡献；阿里巴巴希望让天下没有难做的生意；华为希望丰富人们的沟通和生活……

企业在思考企业战略的时候，也会像一个人一样，经历环境、行为、能力、价值观和信念、身份、系统的六个理解层次，而不同的理解层次，最终会使企业构建起不同的战略认知。

M公司最终就是通过我们运用理解的六个层次，彻底颠覆了原来那些看似激扬的文字游戏（企业战略）和空泛的口号（企业文化），回到了“新能源”这个大系统中。

所以，只有当我们知道企业是如何思考问题，如何理解自身发展的，才能准确梳理企业的发展战略，也才能站在战略的高度来思考企业的薪酬设计。

探索你自己的使命、愿景、价值观

当我们深刻掌握理解的六个层次，并准确地梳理了企业的发展战略，便不难发现，企业在思考过程中也在运用这个工具。

企业所信奉的价值观和信念是企业参与市场竞争、经营活动的内在动机，企业的价值观念及组织的共同认知，提醒着员工哪些可以做，哪些不能做，哪些鼓励做，哪些限制做。

由此，价值观念对企业而言不是一句空谈，而是可以落到实处的信仰和信条，是全体员工的一种普遍观念，是所有员工一致赞同的企业意义。简而言之，当我们按照企业的价值观念作出决策、判断或行为时，企业里绝大多数员工会认可并赞同。

对企业价值观念的长期坚守，是帮助企业构建企业文化、形成企业精神内核的关键。譬如华为的“奋斗者”文化、阿里巴巴的“新六脉神剑”文化，都是在长期价值观念的熏陶下形成的。这一点，我们会在后面继续讲。

而企业的身份认同感则让企业清楚地认识到“我是谁”“我能做什

么”“我要做什么”，这一点恰好指向企业的使命。

所谓使命，就是企业为什么存在，企业能为社会贡献什么，企业的存在能给世界带来什么样的改变。

笔者在帮助M公司确定公司使命的时候，始终围绕以下几个问题进行创造性的探索。

- 我们现在和未来会从事哪些业务活动？
- 与从事相同业务活动的组织相比，我们有哪些特别之处？
- 我们从事的业务活动的对象是谁？我们能为他们做出哪些特殊的贡献？

把这些问题的答案整合起来，就可得出企业的使命，即企业准备用最多的资源，为自己所在的系统，也就是企业所在的行业、社区、市场、国家、民族和世界，做出哪些特殊的贡献，用庄重、令人相信的方式来清晰简要地表述出来。

使命为企业提供了一个更为崇高的、有价值的目标，让企业清楚自己所做的一切到底是为谁，目的是什么，可以为顾客带来什么改变，或者为客户带来什么利益，这也就是企业的愿景。

所谓愿景，就是企业想达成的终极目标，是企业想通过自己的贡献，让行业、社区、国家、民族和世界变成什么样子，或理想中梦寐以求的哪种状态，它是企业更高层的意义，是企业在“系统”层面的理解。

任何一个成功的企业家，都非常注重对企业愿景的创造性探索和追求，他们会超越对组织的短期认知，形成对公司未来的长期预见，并按照这种认知和预见来设置长期性的目标，制订出长远的规划。这正是“愿景”的意义所在，它致力于将企业带到一个全新的高度、一个为世界创造更多价值的潜在状态，包括但又不限于自己。

笔者在帮助M公司确定企业愿景的时候，主要围绕以下几个问题进行构思。

- 我们想（为顾客、世界）创造哪些足以超越自我的东西？
- 我们想通过自身持久的贡献，让我们的顾客或世界发生哪些变化？
- 在对未来充满憧憬的图景中，我们的世界会是一个什么样的世界？

纵观世界上伟大的企业，无一不是在成立之初就构思自己的使命和愿景。比如，美团的使命是“帮大家吃得更好，生活更好”，愿景是“把世界送到消费者手中”；阿里巴巴的使命是“让天下没有难做的生意”，愿景是“成为一家能活102年的好公司，让客户相会、工作和生活在阿里巴巴”；苹果公司当初的使命是“借推广公司的资料使用惯例，建立用户对互联网的信任和信心”，愿景是“让每个人都拥有一台计算机”；华为公司的使命是“聚焦客户关注的挑战和压力，提供有竞争力的解决方案和服务，持续为客户创造最大价值”，愿景是“丰富人们的沟通和生活”。

使命和愿景，就像企业的一张蓝图，为企业指明了发展方向和达成路径。企业的一切行为，都是为了实现自己的使命和愿景。它们告诉企业以及企业的所有员工，在工作中应当树立什么样的价值观和信念，明确什么样的方向和路线，遵守和遵循什么规矩和原则，避免企业在发展过程中迷失。

当然，企业的使命、愿景并非随意拟定的。企业在设计自己的使命和愿景时，一定要做到“真实”“真切”。所谓“真实”，是指企业的愿景要落到实处，不能是空中楼阁，让人可望而不可即。而企业的使命也要“真切”，能够体现公司的意愿，能够给员工带来驱动力，能够指引公司的上下同仁并肩奋斗。

只有满足这两点，使命和愿景才能给公司带来凝聚力。同时，在长远的发展过程中，才能让员工更有目标感、使命感、责任感，让大家看到愿景达成的画面。

无论是使命还是愿景，最终都要灌输到员工的大脑中，使员工树立共同的价值观和信念，支撑他们去追求目标，实现企业战略。

在这个环节中，薪酬的价值至关重要。通过薪酬设计及激励政策，可以对员工实行调节。比如，通过绩效管理与考评来调整员工的努力方向，通过岗位说明书来调整岗位价值，通过能力素质指标来调整对员工的能力需求，等等。通过这些手段，最终将企业的使命、愿景落实到具体的工作中。

不过，对于企业来说，只有长远的使命和宏大的愿景是不够的。对于很多员工而言，尤其是一些基层员工，由于所在层级、视野和格局有限，往往无法看到企业长远的发展计划，对企业使命和愿景也缺乏执行和完成的耐心。因此，我们还需要根据企业既定的使命和愿景，制订出具有针对性的阶段性战略目标。

制订出你的阶段性战略目标

如果说企业的使命和愿景是根植于企业的价值观和信念、身份和系统的，那么企业战略就是企业从前瞻性和系统性的角度针对企业未来一定时期内的资源配置与利用制订出的计划。企业战略有两大核心特征——前瞻性和系统性。同时，企业战略还具备一定的计划性、全局性、相对稳定性、动态性、对抗性。

M公司的老板和管理高层热衷于马拉松，笔者就用马拉松来给他们做比喻：**如果你把愿景当成一场马拉松的终点，那么使命就是支撑你奔向终点的信念与意志力，而整个马拉松路线就是企业战略。**

20世纪80年代，一位名叫山田本一的日本马拉松选手曾蝉联两届马拉松冠军。但他的身体天赋其实并不算出类拔萃，那么他能两次夺冠的原因是什么呢?

原来，他在比赛中会把整场马拉松比赛分成若干个阶段，每跑完一个阶段，他就鼓励自己朝着下一个目标进发。正是在一个又一个“小目标”

的指引下，这位日本选手成就了自己的辉煌。

如山田本一跑马拉松一样，企业要想取得成功，就必须把企业战略变成一个又一个的阶段性战略目标。

事实上，企业的发展也是如此。当使命和愿景太过遥远时，对于员工的指引和鼓励就会变得很有限。这时候，我们需要将企业宏大的梦想变成一个个具体可感、可实现的“小目标”，让员工真切地感受到只要努力就一定能够实现目标。

使命、愿景就像人生理想，是企业的终极目标，是企业的长远计划，是宏观和遥远的梦想。但是，只有宏大的目标还不够，企业还需要有更清晰、明确、具体的方向指引，需要清楚中短期内自己需要做什么，明确当下的1—2年、3—5年，或更长时间内，企业需要完成哪些阶段性战略任务，这就是企业的阶段性战略目标。

只有明确了阶段性战略目标，薪酬设计才有具体的落脚点，薪酬与战略才能有机地挂上钩，形成强连接。

企业阶段性战略目标，更像是企业根据现阶段所处的内外部环境和经营活动行为制订的短期目标规划。

前文已经讲过，环境和行为是理解的六个层次中最基础的两个层次，这两个层次往往对我们短期内的活动产生较为直接的影响。

对于企业来说，现阶段所处的市场环境、社会发展情况、科技水平、资本市场、市场趋势等外部因素，以及内部组织和架构的情况，都是影响短期发展战略的重要因素。因此，如何适应环境的改变，并据此采取适当的行动，向使命、愿景和长期战略靠拢，就是现阶段的阶段性战略目标的重点。

通常来说，企业的阶段性战略目标的内容可以是丰富多样的，比如，企业在该阶段需要朝哪个方向发展，需要完成哪些任务，完成到什么程度，等等。

以阿里巴巴为例，在2020财年之后，CEO张勇就宣布集团下一个5年的战略目标是服务全球超过10亿名消费者，在阿里平台上创造人民币10万亿元以上的消费规模，并全面走向全球化。

为了实现这一战略目标，阿里巴巴提出，将长期坚持“全球化、内需、云计算大数据”三大战略，并提出全球化是长期之战，内需是基石之战，云计算大数据是未来之战的战略构想。

通过创造性的探索，M公司最后确定的使命是在新能源材料领域和技术领域“致力技术创新，赋能产业发展”，愿景是让新能源材料和技术“发展更持久，世界更清洁”。

在宏大的使命、愿景之下，M公司制订了属于自己的最近5年的阶段性战略目标。

- 传统业务保持在行业第一梯队，新业务在长三角地区站稳脚跟；
- 产品研发能力争取在5年内进入长三角地区前三。
- 销售额在5年内翻10倍。

在“5年阶段性战略目标”的基础上，M公司对阶段性战略目标进行了分解，分别包括以下内容。

- 在2021年前，新能源材料研发项目落地……，销售额达到20亿元，其中……
- 2022年提供3—4个新能源解决方案……销售额达到30亿元，其中……
- 2023年实现至少2个新能源方案落地，并提供4—5个新能源解决方案……，销售额达到60亿元，其中……
- 2024年实现4个新能源方案落地，并提供5—6个新能源解决方案……，销售额达到100亿元，其中……
- 2025年实现6个新能源方案落地，并提供7—8个新能源解决方案……，销售额达到150亿元，其中……

结合自己的使命、愿景和“5年阶段性战略目标”，M公司制订了清晰、具体的“五年计划”，所有人都清楚地知道自己该朝着什么目标努力，这就是阶段性战略目标的价值。

为了保护客户的隐私以及商业资讯，以上内容及本书中M公司案例的信息（不限于公司信息、文字内容、数据信息、商业资讯和内容逻辑等）都进行了信息处理，请勿摘抄引用或对号入座。

企业的核心竞争力是什么?

薪酬是达成企业战略和实现企业阶段性战略目标的最底层的力量、最有效的资源和最强大的工具。要发挥薪酬应有的价值和意义，除了明确公司的企业使命、愿景、价值观、企业战略以及阶段性战略目标外，更重要的就是找到和明确公司的核心竞争力，也就是理解的六个层次中的能力。

能力，是理解的六个层次的第三层，是承载我们的身份、价值观和信念的载体，是影响我们行为，进而改变环境的一种力量。

每家想要长远发展的企业都需要具备一样非常重要的东西——属于自己的能力，也就是企业的核心竞争力。它是企业得以长久生存的保障，是企业不能被取代的理由，是企业最为关键的能力。

所谓企业的核心竞争力，就是企业在市场竞争中拥有的相对竞争优势以及很难被同类型企业取代的能力。核心竞争力一般具备以下四个核心特点。

第一，独到之处。这是企业核心竞争力最突出的表现，它能将企业和竞争者区别开，保证企业不被市场上其他同行、互联网或电商行业、竞争者或挑战者取代，同时也很难被对方模仿。

这种独到之处可以是企业的技术研发，也可以是企业的管理制度，还可以是独到的企业文化，或者特有的生产、销售渠道。比如，人人都知道小米的高性价比模式，但是几乎没有人可以模仿。同样，华为在技术研发上的投入也是其他企业无法模仿的。这都体现了它们的核心竞争力。

第二，超乎寻常。对于一家企业来说，核心竞争力往往是让自己高于行业平均水平的能力，比如生产效率、技术水平、成本控制、销售渠道等，都属于企业核心竞争力的范畴。它能使企业变得更优秀，更超乎寻常。

第三，实效有用。对于企业而言，不能赚钱的能力算不上真正的核心竞争力。那么怎样才能赚钱呢？你必须实现客户最看重的价值，给客户带来好处。因此，当企业思考自己的核心竞争力时，首先要思考的是这项能力是否能为客户带来独特的核心价值，只有能为客户带来独特的核心价值，才能为企业带来更高的价值，或为企业新的价值创造带来契机。只有达到这一标准，才能算是企业的真正核心竞争力。

第四，长期有效。通俗来讲，核心竞争力是“下蛋的母鸡”，而不是“鸡蛋”。企业可以由核心竞争力产生长期的复利，而不是一锤子买卖。企业需要在核心竞争力上投入重点资源和关键人才，去维护自己的竞争优势，而不是短期套利。所以，对日益快速变化的市场环境，企业必须具备一种持续知识创新的动态能力，即适应、集成和重构内外部资源以适应外部环境变化的市场要求的能力，是一种持续的、动态的、长期有效的能力。

这也是我们为M公司定义企业核心竞争力的四个核心要求。通过一系列盘点和分析，我们发现M公司虽然是新能源材料的供应商，但在为客户提供产品时，其技术研发的比重很高，对技术创新和研发的依赖度也很高。其实，M公司业务中标的背后，都体现了其独特的技术创新和材料研发方面的优势。同时，他们在长三角地区成名，也仰仗于自身强有力的技术创新与研发能力。针对客户提出的需求进行技术研发，通过一个个新能源需求解决方案的独特优势来投标和中标……可以说，M公司的存续，很大程度上依赖于研发团队和技术团队的能力，他们的核心竞争力也来源于此。

根据这种情况，我们认为新能源技术研发是M公司的核心竞争力，在进行薪酬设计时，特意为研发团队和技术人员制订了专门的“核心竞争力薪酬”，把薪酬政策适度向技术人员倾斜，以鼓励他们在技术研发上为公司做出更多贡献。

除了使命、愿景、阶段性战略和核心竞争力外，企业在战略上需要考量的问题还有很多，比如企业的产品、品牌、业务、竞争态势、资源利用等。

薪酬设计是否契合企业战略，是判断其是否成功的首要标准。其实，薪酬的价值，就是花钱让员工朝着企业战略规定的方向做事。

因此，在进行薪酬设计时，企业老板和管理者需要明白一点：**薪酬设计与企业的战略相契合，是根本也是基础原则**。如果这一点搞错了，就像搭建在错误地基上的宫殿一样，即使你的薪酬体系再漂亮，也没有价值，毫无意义！

02

你的薪酬设计，是否适应你的企业文化？

俗话说，三流的企业靠能力，二流的企业靠机制，一流的企业靠文化。对于任何一家企业而言，企业文化都是其软实力的重要组成部分。

企业文化，是指公司在长期的经营活动中逐渐形成的大家广泛认同、遵守的价值观念。它是企业的精气神，是公司的灵魂，是组织发展的不竭动力。

越是优秀的公司，企业文化对其员工的驱动效果就越明显。比如，华为人日夜拼搏，不断进取，敢于吃苦，甘于奉献的精神，就源自数十年如一日不断坚守的“奋斗者文化”；而阿里巴巴员工身上“关注客户、共享共担、团结合作、拥抱变化”等品质，也仰仗公司长期以来“六脉神剑文化”的培养和熏陶。

“问渠那得清如许，为有源头活水来”，好的企业文化可以为一家企业注入源源不断的活力，让员工变得积极、高效、有凝聚力，并且甘于奉献，帮助企业长远地发展下去；而糟糕的企业文化则会从根源上腐蚀企业，让员工变得消极、懒惰，甚至自私自利，损害企业的发展。

在薪酬设计理念中，有这样一句话：**薪酬是动力，文化是活力。**不同的企业文化，会在潜移默化中影响员工，让其形成不同的工作态度和习惯，影响到工作效率，进而影响企业的发展。

从薪酬角度看，常见的企业文化主要包括4种类型，分别为：**论资排辈型、学习成长型、激进豪赌型和论功行赏型。**

论资排辈型

所谓论资排辈型企业文化，是指在众多的价值评判标准中，企业更重视员工的资历、资格和身份，并以此作为其薪酬待遇的主要判断依据。

最典型的论资排辈型企业文化，出现在20世纪七八十年代的日本企业。那时日本经济高速发展，企业用大批资金来养员工，给他们提供稳定的工作和可观的收入。进入公司的员工，按照年龄和资历提升职级、薪级和薪档，形成了极富特色的终身雇佣制和年功序列制。

后来，这种企业文化传入我国，出现在一些合资企业、国有企业和大型企业中。在这种企业文化下，员工的薪酬往往与其在公司工作的年限有关，干得越久，工资越高。它的优点是薪酬保障性很好，让员工更安稳，可以培养员工的忠诚度和责任感。

但是，这种企业文化讲究按部就班、有条不紊，很容易形成“论资排辈”的企业风气，老员工永远压制新员工，新员工很难有出头之日，导致年轻人遭受打压甚至是排挤，从而限制了企业的活力和创新力。

这种企业文化所对应的薪酬模式往往以基本薪酬为主，固定工资所占的比例非常高，强调中长期激励，忽略短期激励，薪酬结构缺乏浮动性，很难有效激活员工当下的工作热情。

学习成长型

学习成长型企业文化，顾名思义，就是注重员工的学习与成长的企业文化。学习与成长的目的，主要是提高知识和技能水平。所以，这类企业关注的核心往往是员工的能力。提倡员工不断学习、不断进步，是这种企业文化的核心价值导向。

在学习成长型企业文化中，企业往往会引导员工进入某个特定的专业领域，先成为该领域的通才，再慢慢发展为该行业的专家、行家；或者让其不断学习，成为企业所需要的通才，逐步走上企业管理的道路。

在这种企业文化下，公司往往会在传统薪酬制度的基础上作出调整，拓宽横向的薪档空间，制订宽带薪酬或宽幅薪酬，让员工在能力提升的同时匹配相应的薪资待遇。同时，这种企业文化也鼓励薪酬的中长期激励和非经济性激励。

在人才的选择上，具备这种企业文化的公司，更青睐高学历的应届研究生和大学毕业生。一方面，这些人年轻有活力，学习能力强，可塑性高，来到企业后更容易被塑造，成为企业所期待的人才。另一方面，刚进入社会的大学生薪酬水平往往较低，一般低于行业平均水平，薪酬待遇多在50分位以下，可以较好地节约薪酬成本。

在具有学习成长型企业文化的企业里，大部分员工都在不断学习和进步，能力提升的速度往往很快。而能力的提升，往往意味着薪酬待遇也要相应地提升。因此，在这种企业中，需要构建完善的薪酬设计体系和薪酬管理体系。同时，还要为不同的员工设计好职业发展通道，避免因薪酬问题而造成优秀人才的流失。

学习成长型企业文化，通常出现在一些成熟型企业当中。一方面，他们有足够的资金负担人才培养的费用；另一方面，成熟型企业往往在各方面都已经形成了自己独立的系统，从新人开始培养，有利于让员工接受自己的企业文化、发展战略和价值观，形成自己的人才体系。

激进豪赌型

如果说学习成长型企业文化，更青睐年轻的大学生，注重对人才梯队的培养的话，那么激进豪赌型企业文化则恰恰相反。

在这种企业文化下，企业会不断从外界寻找和匹配合适的人才，接受人才空降。这种企业文化特别注重现实价值，看中员工所具备的可利用价值，并严格根据员工价值的市场水平给予相应的薪酬待遇。有时候，为了挖人才，他们甚至会给出超过市场薪酬水平的工资。

这种企业文化，是典型的“高风险高收益”，每一次“挖人”都是一次冒险，一次豪赌。赌对了，挖到的人能为企业创造巨大的价值；赌错了，则会给企业带来较大的损失，而这种损失不仅仅是成本的消耗，有时更会导致战略决策的错误、发展机遇的错失等。

具备这种企业文化的公司，往往就像一个冒险家。在行动之前就会为自己想好后路，很多时候，为了避免损失，企业一般会在薪酬上与员工达成约定，以起到相互制衡的作用。在这种企业文化导向下，员工往往也会追求高风险、高收益。企业与员工往往会签订一份“对赌协议”，按照员工交付的个人目标完成情况以及所达成的目标绩效进行奖金激励。

因此，具备这类企业文化的公司，员工的基本薪酬比例通常是比较低的，但是浮动薪酬的比例一般都很高，尤其是达成预期目标后的绩效奖金，在市场中往往处于高分位。

论功行赏型

论功行赏型企业文化，就是强烈追求优异绩效，渴望获得胜利的企业文化。在这种企业文化下，企业的一切行为都围绕绩效，员工所追求的也主要是个人或团队的绩效表现。

由于企业和员工都是以绩效说事，以成果论英雄，所以，推行这种企业文化的组织会弥漫着快速、高效的企业氛围，员工人效高，做事不拖泥带水，凡事注重结果。

但是，笔者也发现很多企业在推行高绩效文化时过于急功近利，且薪酬设计不够合理，很容易导致员工急功近利、目光短浅，有时员工甚至会做出自私自利的行为，不利于企业的团结和凝聚。

因此，在推行高绩效企业文化时，企业要注重制订与之匹配的薪酬设计方案。一般来说，具有高绩效企业文化的公司，其薪酬设计方案主要有两种类型：一种是讲究集体作战的团队绩效薪酬，另一种是讲究个人英雄主义的个人绩效薪酬。

团队绩效薪酬，通常出现在一些研发型企业、互联网企业或高科技企业中，他们按照项目或工作团队来设置奖金，然后按照项目完成后的价值贡献来对团队人员进行激励。

个人绩效薪酬，通常出现在一些销售型企业或生产型企业中，它最大的特点就是强化员工的绩效奖金，薪酬与个人绩效挂钩，并为员工设置各种类型的指标，按照达标情况来发放奖金。

绝大多数企业都会建设自己的企业文化，从激扬的文字内容、朗朗上口的口号、极具视觉冲击力的画报，到生动煽情的故事，还有不菲的企业文化建设的经费或预算等。但是，一些企业文化并不一定就是真实有效的，从企业的薪酬设计方案中就能看出端倪。

比如，一个公司的薪酬结构的浮动性很强，固浮比拉得很开，其基本工资占比很低，绩效工资占比很高，那么这个公司就强调竞争性，强调结果导向，追求的是一种激进豪赌型或论功行赏型的竞争性文化。相反，如果一个公司的基本工资高，浮动工资低，薪酬比较稳定，那么这个公司一般更强调保障和稳定，追求的是员工的忠诚和稳定。

再如，在薪酬激励的分配上，以团队激励为主的企业，更注重团队贡献，看重集体的力量，更能培养出优秀的团队和部门，其企业文化未来会以团队为主；而以个人激励为主的企业，更注重个人价值，讲究个人英雄主义，其企业文化未来会走向一条个性化、个人化的道路。

激励在哪里，员工的动力就在哪里。当我们的薪酬制度朝着某个方向倾斜的时候，员工就会很自然地跟随这个方向而变化。久而久之，企业内部的价值观念也就慢慢形成并稳固下来，形成企业的薪酬文化。薪酬文化的长期发展，会影响整个企业文化的动向，最终形成企业的价值导向。

因此，企业文化并非有些人所想的，仅仅是一个标语、一句口号、一些活动，更多的其实是一系列动作、行为、制度和机制。**其中薪酬扮演着一个至关重要的角色。是否适应企业文化，是否有助于企业营造良好的环境氛围，是否能够营造出我们所期待的工作氛围，往往也是评判薪酬设计是否合理、是否成功的重要标准。**

M公司在发展前期，为使企业迅速转型和快速发展，需要招揽大量优秀人才，所以其薪酬设计策略属于激进豪赌型，同时，M公司中元老级员工比较多，他们早期延续下来的是论资排辈型的薪酬制度，而现在的M公司为了适应环境的变化与业务的发展，在企业文化中明确提出要以团队的价值贡献为导向（事实上确实如此，无论是技术创新与研发还是业务投标与中标运营，都是需要团队协作作战的），所以，M公司的薪酬文化与企业文化产生了巨大的冲突。

于是，我们帮助M公司重新梳理了企业文化，用“以价值创造者为本”的企业文化来指导薪酬设计，最后使薪酬文化与企业文化达成一致。

还是那句话：薪酬是动力，文化是活力。薪酬设计必须与企业文化保持一致，这样才能引导企业文化向着积极的、正向的方向发展。同时，好的企业文化能帮助薪酬制度快速落地和顺利执行。两者是相辅相成，相互促进的。

03

你的薪酬设计，符合人心、人性和人生的诉求吗？

当我们在谈论员工的薪酬或者工资时，其实是在谈论一个人赖以生存的成本。薪酬与每个人的生存和发展息息相关，是所有人最关心的话题。这也就不难解释，为什么一提到薪酬，所有人都变得一丝不苟，慎之又慎了。

深入研究薪酬理论，我们不难发现，驱动一个人参与工作的动机是他的内在需求，而内在需求又受到人性的驱使。

人心和人性，是驱动薪酬设计的最深刻的力量，一切违背人心、人性的薪酬设计，都不可能推动企业的长远发展。而顺应人心、人性力量，或恰到好处地利用人心、人性力量的薪酬设计，则往往可以帮助企业激活人效，助力企业腾飞。

在笔者及团队入驻M公司进行薪酬方案设计之前，M公司曾在某咨询机构的帮助下设计了一套全新的薪酬方案。然而，在短短两年的时间里，这套薪酬方案就遭遇了滑铁卢。它不仅导致M公司在经营上遭遇巨大挫折，甚至还祸及M公司的人才管理，导致大批人才外流，给企业造成了不可逆的损失。

在拿到其薪酬方案前，笔者本以为会是一套“漏洞百出”的薪酬方案，然而令笔者诧异的是，这套方案不仅有着很好的设计初衷，而且与企业战略和企业文化的契合度非常高，并且在具体的薪酬结构设计上还有一定的特色和优势。

如果只看薪酬方案本身，甚至可以说是一套很不错的薪酬方案。当笔者仔细找寻它失败的真正原因时，这套方案的问题才暴露了出来。

这套薪酬方案将大量的心思花在了人性的博弈，试图通过利益的牵制来实现对员工的激励。为此，这套薪酬方案将大量精力耗费在年终绩效奖金的设计上。

第一，M公司将员工薪酬的很大一部分当作年终绩效奖金，于年末进行考核并发放，对于一些基层员工或生产工人也采用同样的方法。

第二，这套薪酬方案将年终奖的计算设计得过于复杂，且透明度很低。普通员工很难理解其核算年终奖的方式，容易产生误解，或者对企业执行年终奖制度的意图产生猜疑。

以下是M公司薪酬改革方案中年终奖金的计算公式。

个人年度奖金系数=公司年度奖金系数×个人年度绩效等级系数

个人年度奖金金额=个人年度奖金系数×目标奖金月数×全年月平均固定工资×全年在岗出勤系数

由于很大一部分薪酬被算入年终奖，员工每个月拿到手的实际工资远比想象的要少。如果M公司的营收受到冲击，或者高层经营决策失误，员工的年终奖就会骤然减少，所以大批员工因此产生强烈不满而离开公司。

M公司的老板向笔者抱怨："这些员工啊，可以同甘却不能共苦。以前公司赚钱时，我大把大把地给他们发钱，可是一遇到困难就'树倒猢狲散'了！"

实际上，这并不是员工"不讲义气"，只不过是遵从人心和人性的驱使罢了。其实，每个人在工作中，无时无刻不受到三个因素的驱使：**第一个是内心情绪，第二个是本能本性，第三个是自己的人生追求。**这三个因素，也就是笔者所说的人心、人性和人生。

在进行薪酬设计时，只有老板和管理者懂得员工的人心，了解员工的人性，体察员工对人生的追求，才能避免出现M公司的这类问题，避免出现员工“背叛”企业的情况。

了解需求满足理论，懂得员工的人生追求

20世纪40年代，社会心理学家马斯洛根据心理学的激励理论提出“马斯洛需求层次理论（见图1-2）”，认为需求是人最核心的驱动力，这一理论迅速被广泛接受并运用于企业的管理之中。

马斯洛认为，人的需求可以分为5个层级，依次是：生理、安全、社交、尊重以及自我实现。企业越能满足员工的这5大需求，对员工的激励性就强，就越能让员工创造更多的价值，为企业带来更多的业绩和利润。

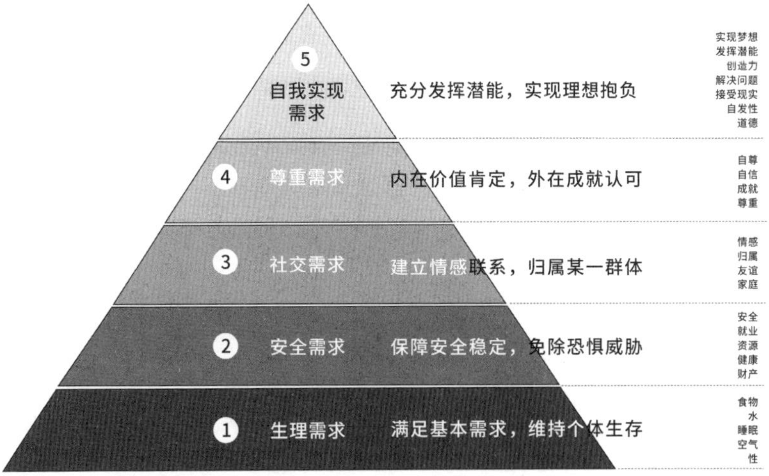

图1-2　马斯洛需求层次理论

其中，生理需求是支撑一个人活下去最基本的物质需求，是衣食住行等方面的需求。

对于任何人来说，生理需求都是最基本的需求，也是激励效果最明显的需求。在薪酬上，它主要表现为物质性、经济性的激励，也就是我们常说的工资、奖金等。

生理需求得到满足后，员工就开始有更高层次的“安全需求”，也就是保证自己的生命和财产不受侵害，诸如就业、身体健康、生活安稳的需求。在薪酬方面，企业可以通过基本薪资、津贴、福利待遇等来满足，比如最常见的五险一金、年度体检等。

生存无忧、安全无虑之后，员工的人生需求会进一步提升，开始追求“社交需求”。这是一种精神层面和感情层面的需求，主要表现为获得感情的寄托、获得归属感等。这时，员工除了希望获得友谊和爱情，还希望在工作中获得同事的信任、上下级的关怀、领导的关注等。

同时，渴望被尊重的人生需求也会油然而生。这时候，员工渴望在工作中得到认同，收获荣誉感，希望自己的付出得到尊重和理解，尤其是来自领导和同事的理解与体谅。很多时候，这种来自同仁的体谅和关怀，其价值往往比单一的薪资激励或物质性奖励更为奏效。

一旦这4个层次的需求都得到了满足，员工就会追求更高层次的“自我实现需求”。这种需求驱使一个人为自己的人生理想、职业规划、价值目标而奋斗，努力朝着自我价值的方向前进。

马斯洛认为，“自我实现需求”是一个人最强劲的内驱力，能爆发出无与伦比的力量，也是一个人一生的至高追求。在工作中，这种内驱力可以让员工不断挖掘潜力，创造更大的价值。在薪酬激励方面，我们可以利用这种需求来强化对关键人才的激励，尤其是企业的高管层、核心人才和战略人才。

在企业管理层面上，马斯洛需求层次理论，实际上展现的是员工的5种核心工作诉求，也正是员工一生追求的5种不同状态。

根据这5种需求，我们可以对不同的员工人群实行针对性的薪酬激励。根据员工的不同诉求，有针对性地制订薪酬方案，避免“一刀切薪酬”“无差别激励”造成的激励周期短、激励效果差、激励力度不足等一系列问题。

此外，马斯洛需求层次理论还告诉我们一个重要的道理：员工的需求往往不只是钱和物质，还有精神层面的东西。

这就是笔者经常提到的“里子”和“面子”的问题。员工耗其一生的工作，不只是想要一个实实在在的“里子”，往往还渴望得到一个受人尊重、光鲜亮丽的“面子”。

所谓“里子”，是指内在的、货真价实的、真金白银的东西，就是员工实实在在拿到手的钱。它包括固定工资、浮动工资、福利、津贴、年终奖以及股权、期权、分红等各种经济性激励。

所谓“面子”，就是外在的形式和表现，就是让员工脸上有光，让他被人高看一眼的东西。比如弹性的工作时间、引发员工乐趣的工作内容、良好的办公环境、和谐的工作氛围、和睦的上下级关系、令人尊敬的工作或称谓、挑战性、成就感、肩负的责任感以及与职责、与能力相匹配的岗位等。

给员工“里子”，可以满足他们的生理需求和安全需求，也就是保障自我生存和发展的需求，让他们不必为生存担心，安心工作，同时也能着眼于更好的发展，服务于公司的要求。

而让员工觉得有“面子”，会让员工在社交需求方面获得更大的满足，让他们在家人面前有底气，在朋友面前有尊严，同时也能获得别人的赞许。这会让员工在工作中体会到更多的乐趣和满足，从而激励他们加倍努力地工作。

当员工在工作中同时获得“里子”和“面子”时，他的人生追求才能圆满。由此，他的工作热情就会空前高涨，爆发出惊人的工作热情。这是因为他不仅得到了前4种需求的满足，更实现了自己的人生价值。因此，想要最大限度地激活员工，最好的办法就是从“里子”和“面子”两个层面共同努力。

在M公司里有一个很有意思的现象，从项目小组长到集团公司事业部总经理，日常的称呼都为“×总”，从程序员、技术工程师到事业部总工程师，都称呼为“×工”，“×总”“×工”满天飞，就如日常社交称呼中的“先生”和“女士”一样，除了混乱、官僚气息浓厚之外，从薪酬设计的角度看，员工只会有两种感觉，一是既没“面子”，也没“里子”；二是虽然有些“里子”，但很没“面子”。

掌握利益最大化原则，充分利用人性的特点

天下熙熙皆为利来，天下攘攘皆为利往。每天一睁开眼，人们就开始为自己的利益奔波。

在经济生活中，这种情况更是普遍：**员工工作的唯一目的，就是满足自己的需求，实现自身利益的最大化，这是最基本的人性诉求。**

利益最大化原则，最早起源于19世纪末的“经济人假设”。所谓经济人假设，就是认为一切参与市场活动中的人都是为了获得利益而来的，每个参与市场行为的人无时无刻不在追求自身利益的最大化。

随着时代的发展，“经济人假设”显得有些过时和单一，现今的薪酬激励方式已经变得丰富多样，不再单纯依靠经济手段。但是人们追求利益最大化的原则，始终未曾改变。

正所谓，**利益在哪里，精力就在哪里；激励在哪里，绩效就在哪里。**员工时刻都盯着自己的利益。所以，不要试图让员工完成那些与自己的利益无关的工作，这些只会被他们视为累赘，并时刻思考如何从这“该死的负担”中及早脱身。没错，他们不会将心思真正花费在这些事上，因为他们根本无法从中获利。

只有让员工意识到，他们是在为自己干活、为自己的利益服务，才能真正激发他们的动力，点燃他们的热情。

几乎所有高人效薪酬设计的秘诀都在于此：**将企业的利益与员工的利益牢牢绑定，将员工追求利益最大化的欲望转化为企业创造高价值的初衷。**正如亚当·斯密所言："追求个人利益的最大化，正是追求整体利益的最大化。"所以，切记只有让员工为自己干活，才能激发出他们无穷的动力。

M公司关于年终奖的设计，不是没有把员工利益与企业利益进行捆绑，而是绑定的方式有问题。

利用延迟满足效应，巧妙赢得员工的人心

心理学家贝特·萨勒曾以多名4岁的孩子为实验对象做过一个实验：他在桌子上放了2块糖，然后每次对其中一位孩子说："我要出去20分钟，如果在20分钟内你能坚持不吃糖，等我回来后这两块糖就都是你的。如果你不能等这么长时间，现在就能得到1块。"

实验结果是2/3的孩子宁愿等20分钟也要得2块糖。当然，他们很难控制自己的欲望，不少孩子把眼睛闭起来傻等，以防受到糖的诱惑，或者用双臂抱头不看糖，或者唱歌、跳舞。还有的孩子干脆躺下睡觉——为了熬过20分钟！1/3的孩子选择就吃一块糖。等实验者一走，他们1秒钟内就把那块糖塞到嘴里了。

经过12年的追踪，凡是熬过20分钟的孩子（已16岁）都有较强的自制力，自信心强，处理问题的能力强，坚强、乐于接受挑战；而选择吃1块糖的孩子（同为16岁），则更多地表现出犹豫不定、多疑、妒忌、神经质、好惹是生非、任性，经不住挫折，自尊心易受伤害。在后来几十年的跟踪观察中，也证明那些有耐心等待吃2块糖的孩子在事业上更容易获得成功。

这种现象就叫“延迟满足效应”。它告诫我们，人性中存在一种即时性激励的心理期待，讨厌延时性激励。

在薪酬激励中，这种现象也十分明显。**员工们都期待即时性激励，厌恶延时性激励。**如果销售人员完成了当月的业绩，而你却要到年底才给他发奖金，那么这名销售只怕已经开始寻找下家了。如果研发人员在年初就完成了研发项目，而你却要等到一年后才给他项目奖金，很可能激起他的不满。

当然，有时候，出于对工作性质的考量，企业不得不实行“延时性激励”，比如对管理层的薪酬设计往往就采取年薪制，将高管的很大一部分薪酬当作年终奖进行延时发放。这是出于企业长远战略规划，以及高管肩负的责任等因素进行的综合考量。

不过，对于大多数岗位而言，延时性激励会极大地削弱薪酬的激励效果，让员工无法感受到发薪带来的快乐和欢喜，从而让薪酬设计失去人心。

因此，在进行薪酬设计时，我们需要遵循以下原则：职位等级越低，越要进行即时性激励。而M公司违背了这一原则。

一般来说，管理层往往以年薪制为主，按年度来设计薪酬；主管、经理级别，则以季度为单位设计薪酬；基层员工则以月薪为主，根据当月的工作完成情况，即时进行激励。

抓住公平原则，稳定组织内部的人心

前文说过，员工工作的目的是满足自己的需求，达成自己的目标。在这个过程中，员工总是竭力追求自身利益的最大化。

所谓自身利益的最大化，除了获得足够多的收入外，员工还会思考一个问题：我的努力与回报是否对等？

当员工拿到工资的时候，不免会在心里盘算：我赚这些钱，在公司里处于什么水平，是不是比同事都低？为了赚这些钱，我到底做了多少工作，是不是比同事多？或者，和去年比起来，我的工资有没有涨，我有没有赚到更多？最后，和我的朋友比起来，和我的同学比起来，和同龄的亲戚比起来，我赚的是多还是少？逢年过节或者同学聚会的时候，这些钱会不会让我抹不开面子？

最终，这些问题都会指向同一件事情，那就是：公平！

1967年，心理学家亚当斯经过一系列研究发现，几乎所有的员工都难逃这些问题，于是提出了“公平理论”。

“公平理论”指出，员工的工作积极性会在极大程度上受到薪酬公平感程度的影响。当员工认为自己的薪酬合理时，他就会对工作保持相当高的热情；而一旦认为遭遇不公平，员工就会消极怠工。

通常来说，**影响员工“公平”感知的影响因素主要有两个：一是报酬投入比；二是与他人的对比。**

报酬投入比，是指员工在工作中的投入程度与从工作中获得的回报程度的比值，这是影响薪酬“公平”感知的主要因素。

如果员工认为他的报酬与投入是平衡的，他的心里也就平衡了，公平的感觉产生了，心里舒服了，凡事也就好说了。反之，要是他感到自己的投入太多，报酬却太少，这种公平感就会大打折扣，员工感觉不对了，心里憋屈了，抱怨就会指数级地增加。

与他人的对比，也是影响薪酬“公平”感知的重要因素。尤其是和同事作比较的结果，会极大地影响员工的“公平”感知。

比如，一名员工和同事做了一样多的工作，工资却比同事低；或者，他做得明明比同事多，赚的却和同事一样甚至更少。于是他会愤愤不平，认为公司对他的态度有失公允，他会因此而对企业失望，产生消极的工作态度，甚至对上级产生怨恨。

除了和同事作比较，员工还会和自己作比较：今年是不是比去年赚得更多？进公司5年，我的薪酬涨了多少？涨薪的幅度，和我的能力提升、业绩增长、对企业的奉献是不是成正比的？

公平原则，是薪酬设计的重要原则之一。它不仅会影响薪酬制度的落地执行，还会影响组织内部的氛围和企业的工作开展，影响企业经营效率。严重的时候，甚至会挫伤员工的工作积极性，让员工养成“吃大锅饭”、推卸责任、不承担、不作为等恶劣风气，出现“劣币驱逐良币”的可怕现象。

16世纪，英国财政大臣格雷欣发现一个有趣的现象：当市面上流行两种购买力相同的货币时，人们总是喜欢把好的货币收藏起来，而把差的货币先用出去。久而久之，好的货币都被收藏起来，市面上流通的只剩下劣质货币了。

这就好比，如果你拿着一张新的10块钱和一张损坏了一个角的10块钱去买东西，你会下意识地先用那张坏的10块钱。当所有人都是这个想法时，新钱就会被大家收藏起来。时间一久，市面上的新钱变少了，流通的就多是旧钱了。

这种现象被称作“格雷欣法则”或者“劣币驱逐良币”。劣币驱逐良币的现象，在企业里也不罕见，尤其是在薪酬问题上。

比如，小张和小王都是中级研发工程师，不过小张更勤奋，能力更强，为公司创造的价值也更大。但是，由于公司实行团队薪酬激励，只要研发团队完成了研发任务，就按职位等级进行激励。结果两人都是中级研发工程师，获得了同样的项目奖金。这种情况下，小张肯定对薪酬不满，导致的结果很可能是：小张心生埋怨，觉得企业的薪酬制度太不公平，很可能跳槽去其他公司。

这就是典型的“劣币驱逐良币”。最终，工作能力更强的小张走了，平庸的小王却留在了公司。长此以往，优秀的人才都会流失，而留在企业的大多是能力不足或消极怠工、无力跳槽的员工。他们能力有限，很难为企业创造更高的价值。

久而久之，公司就会陷入“人才流失、庸人扎堆”的恶性循环中。在一个“庸人当道”的环境中，企业经营效率会变得越来越低，企业文化会变得越来越差。最终，企业会被“劣币”拖累，影响自身的发展。这就是M公司所面对的危机。

格雷欣法则提醒我们，不仅要对组织内的优秀人才和平庸员工有一个清晰的认知，还要对他们实行不同的激励方式，奖励那些优秀的人，惩罚那些懒惰的人，疏离那些平庸的人，点醒那些“事不关己，高高挂起”的人。只有这样，才能让优秀的人更努力，让平庸的人加倍努力，让观望的人开始努力。

因此，进行薪酬设计时要牢记一句话：**让优秀的人富起来，让懒惰的人慌起来，让观望的人动起来！**

巧借双因子理论，真正激活员工的人心

20世纪50年代，赫兹伯格和助手对匹兹堡地区近200名工程师、会计师进行调查，询问他们：在工作中感到满意和不满的地方分别是什么？

结果，赫兹伯格发现，那些令人满意的地方，往往集中在工作内容本身；而那些令人不满的地方，大多与工作环境、工作关系等因素有关。

于是，赫兹伯格对这种现象进行了深入的分析，认为前者属于激励因素，后者属于保健因素，并将其合称为“双因子理论”。

所谓“双因子理论”，其实就是工作中有两种影响员工工作情绪、状态和效率的不同因素。其中一种是激励因素，它让员工感到满意，让员工的情绪、状态变得更积极，工作效率变得更高。比如，员工在工作中获得的成就感、认可度、趣味性、责任感、个人成长等，这些因素都是可以提

升员工的情绪状态，使员工更高效地完成工作的激励因素。

另一种是保健因素，它不能像激励因素一样提高员工的满意度，但可以预防员工的不满情绪，避免员工出现过多的负面情绪。比如，工作环境、公司政策、同事之间的关系、上下级关系、工作条件等，这些因素无法给员工带来长久的工作动力，但是如果公司在这些方面表现不佳，员工往往无法安心工作，工作效率也会大打折扣，因此说这些因素是保障员工工作的保健因素。

在双因子理论的基础上，赫兹伯格进一步认为，员工对工作满意的对立面并非对工作不满意，而是“激励因素”的缺失造成的“满意”缺失。对员工的有效激励，并不是让员工从不满的情绪中脱离，而是想办法提升激励因素，也就是让员工在工作中感受到成就感、满足感和乐趣。

这个理论告诉我们，在设计薪酬体系时，除了要满足员工的基本需求和保障外，更重要的是提高薪酬的激励效果。换言之，在提供最基本的基础薪酬作为保障的同时，也要注重浮动薪酬，尤其是绩效薪酬的设计，从而提升薪酬的激励性。

除了在物质性激励上下功夫，企业在考虑薪酬问题时往往还需要融入非物质性的激励手段，比如提高工作的趣味程度，提升员工的获得感、成就感和满足感等，例如将一部分责任与权力下放给员工，让员工参与某些企业策划、决策，其实都是有效的激励行为。M公司把薪酬设计的焦点放在了薪酬的“薪”上，而忽略了精神性的薪酬的“酬”。

懂得雷尼尔效应和激励倍增法则，赢得人心不只靠钱！

美国华盛顿大学曾向老师们征求意见，是否应在学校内增设一座体育馆。这原本是一件好事，可是却遭到了老师们的一致反对。原因是，新建的体育馆选址在华盛顿湖畔，将会干扰老师们就餐时欣赏湖畔景色。

按道理来说，这种理由纯属老师的个人私事，并不足以动摇校方的计划。可是，当老师们提出这个顾虑时，学校却立刻取消了新建体育馆的计划。

原来，华盛顿大学的职工工资比美国其他大学要低得多，而老师们之所以愿意留下来，正是因为美丽的湖畔景色。如果剥夺了老师们欣赏湖畔景色的权利，只怕大批老师会选择离开。于是，校方取消了新建体育馆的计划。

华盛顿大学用“美丽的风光”留住老师们，老师们为了美景牺牲高收入机会的这种行为被称为“雷尼尔效应”。现代薪酬观念，其实就是建立在“雷尼尔效应”的基础上的。

薪酬的本质，其实是由物质性的“薪”和精神性的“酬”两部分构成的。我们在进行薪酬设计时，也要充分考虑薪酬的这两个方面，不仅要想方设法用“钱”去激活员工，也要学会用好的工作环境、令人赞美的声誉、让人心悦的称谓等一系列非物质性的方式去强化激励。

除了精神性的酬劳外，管理学家彼得还发现，有时候仅仅是一句激励性的话，也能起到很好的激励效果，他把这种现象称为“激励倍增法则”。

日本企业家松下幸之助就是巧用激励倍增法则的高手，他在给员工安排工作时，常常会对部下讲：“这事儿我做不到，但我知道你可以！”

这句话充满魔力，总能激发出员工莫大的潜力，让他们爆发出巨大的力量。而这往往是“薪”无法做到的。

雷尼尔效应和激励倍增法则告诉我们：其实，薪酬不光是钱的问题，有时候更是对员工的认可、赞许，以及精神、心理的慰藉和满足。真正懂得用薪酬驾驭员工的老板，从来不是那些张口闭口都是钱的老板，那些体谅员工，懂得员工心理，深谙员工人心、人性和人生的老板，往往更能俘获员工的“芳心”。

所以，**老板才是企业中真正的首席薪酬设计师，而管理者则是本部门薪酬管理的第一责任人。**

深谙人性，了解人心，懂得员工的人生追求，可以很好地帮助我们诊断企业的薪酬问题，从根源上找到企业的薪酬病因，并帮助我们制订出一套激励性强、适应性好，同时可以充分调动员工工作热情，大幅提高企业人效的薪酬设计方案。

04

三角四维八字薪酬体系

你的薪酬设计，是否契合你的企业战略？

你的薪酬设计，是否适应你的企业文化？

你的薪酬设计，是否符合人心、人性和人生的诉求？

笔者在二十多年的企业经营管理咨询实践中，对大量的企业薪酬设计方案进行总结和提炼，创造性地提出了“三角四维八字薪酬”设计与管理体系，这是一种符合现代薪酬趋势，并适应和满足大多数企业需求的薪酬体系。

笔者认为，在薪酬设计与管理过程中，必须从战略、文化和人性这三个要素去思考，转换到具体的运用上，就是固定薪酬、浮动薪酬和系数这三个要素，这六个要素，缺一不可，笔者把战略、文化和人性这三个要素称为“薪三角理念”，把固定薪酬、浮动薪酬和系数这三个要素称为“薪三角应用”，“薪三角理念”和“薪三角应用”统称为“薪三角”（见图1–3）。

薪酬设计与管理必须兼顾岗位、能力、绩效和战略四个维度，岗位的价值形成了岗位薪酬，员工的能力形成了能力薪酬，员工在工作实践过程中产生的业绩效果形成了绩效薪酬，核心人才对企业发展战略的贡献形成了战略薪酬，笔者把这四个维度称为“四维薪酬”。

薪酬设计与管理必须遵循“上联战略，下接策略；对内公平，对外吸引；远要发展，近要激励；动可挑战，静有保障”原则，即“上下，内外，远近，动静”这八个字，笔者把它称为“八字方针”。在本书后面的章节里，笔者将一一介绍“薪三角”和“四维八字薪酬（见图1-4）”的逻辑与应用。

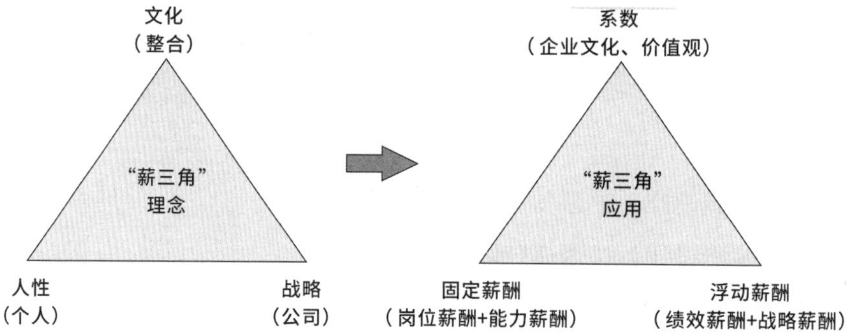

图1-3　“薪三角”理念与应用示意图

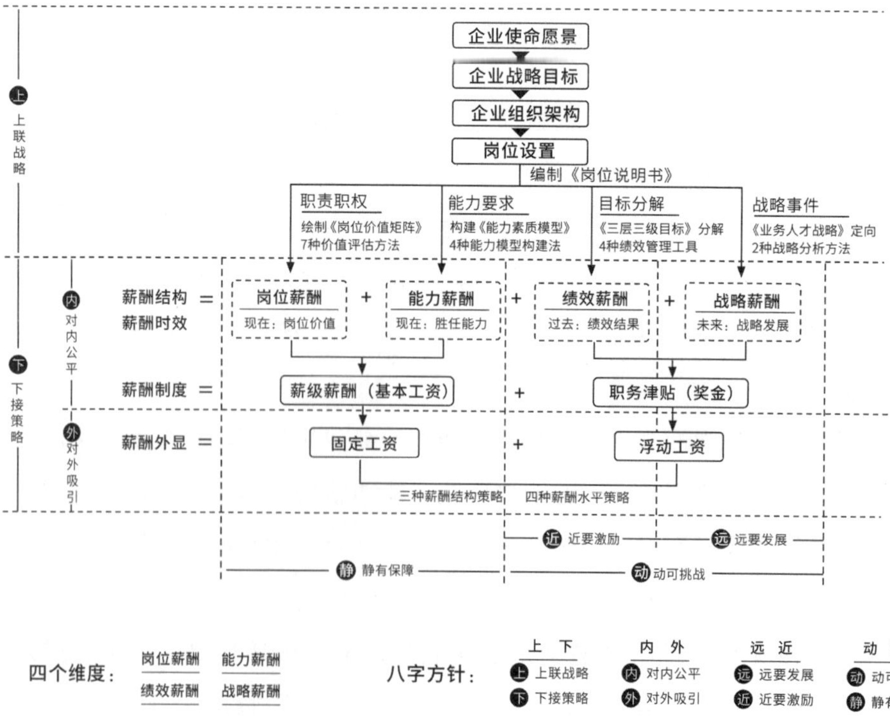

图1-4　四维八字薪酬体系全景图

第二章

知彼知己，做好薪酬的外部调查

企业不是孤岛，薪酬诊断也不能只在企业内部进行，需要深入市场，在市场中找到一个和企业相匹配的定位。

《孙子兵法·谋攻》中说：“知彼知己，百战不殆；不知彼而知己，一胜一负；不知彼不知己，每战必殆。”

科学的薪酬设计，绝不是建立在企业的闭门造车之上的，而是在充分了解市场薪酬态势、竞争对手薪酬的情况下，做到“既知己亦知彼”，从而让我们的薪酬设计“百战不殆”，这就是进行薪酬调查的目的。

薪酬调查，是指通过一系列标准、规范的方法，对市场上的薪酬情况进行专业的搜集、整理和分析，以反映市场薪酬现状，为企业在薪酬设计、调整、优化和变革中提供决策帮助，是我们做薪酬诊断与分析、制订薪酬战略和策略、设计薪酬方案的有力依据。

薪酬调查的4个作用

薪酬调查最重要的目的，是通过对外部薪酬状况的了解，获得足够的信息反馈，最终作用于企业内部的薪酬诊断和方案设计，帮助解决企业内部的薪酬问题。

当笔者和团队进驻M公司，着手薪酬诊断工作的时候，M公司提供了一摞摞厚厚的资料和一系列加密文档，在这些文件中，不仅有大量公司内部的各类薪酬资料，还有不少的行业数据和市场薪酬情报，可谓十分丰富，极度细致。后来我们了解到，这些外部资料是M公司花了很大力气收集的，有些是由专业的人力资源团队通过市场调研得到的，还有不少是老板和各业务负责人亲自搜集的，真的是费时费力费财。如此翔实的数据和情报，为之后的外部薪酬诊断提供了帮助。

不过仔细分析后笔者发现，M公司的薪酬调查虽然数据类目很多，也按照科学的流程和方法进行了整理，但是对数据的整合、分析不得要领，他们将大量的时间耗费在对整体薪酬结构和薪资水平的研究上，得出的结论是：M公司员工的工资普遍高于同行业水平，高管的薪酬待遇过高，拉低了企业的利润。

但实际上，这一结论缺乏实用价值，因为它没有抓住M公司薪酬问题背后的真正痛点。正如笔者时常提醒中国的企业家们："高薪并不是薪酬问题，高薪低效才是薪酬问题。"

因此，虽然M公司在薪酬调查上花了大量的时间和精力，做了大量的工作，但实际上得到的结果对解决企业存在的薪酬问题并没有太大的作用，从某种程度上来说，有很多工作是"无用功"。

事实上，薪酬调查最大的价值不在于表面数据情况，而是发掘数据背后的内在逻辑。毋庸置疑，进行薪酬设计的目的是提升人效，薪酬调查需要评估薪酬是否支撑了企业人效，是否推动了企业人效的提升，而不仅仅是看薪酬数据的高低。

当然，薪酬调查的主要作用是帮助我们了解主要竞争对手、同行的薪酬状况，帮助我们提升薪酬的外部吸引力。尤其在一些核心岗位上，可以帮助我们确定市场分位水平，帮助我们招揽人才，或者至少保住企业优秀的内部人才，不至于流失，等等。

综合起来，M公司的薪酬调查主要在以下四个方面起到作用。

第一，帮助我们了解市场薪酬态势。

物价指数在变，生活指数在变，供求关系在变，竞争对手在变，薪酬市场的情况也在变。M公司是由传统制造企业转型成为科技企业的，行业的竞争异常激烈。所以，及时了解、掌握市场的动态，获取相关数据，往往可以使我们在招聘定薪、人员调薪、人才吸引等方面占据优势。反之，在信息获取上滞后会让我们的薪酬决策瞠乎其后，被动挨打。

M公司所在的新能源行业在近年来成为全球经济和社会发展的焦点，发展飞速，行业薪酬逐年递增是一个不争的事实，但究竟增加了多少，各细分领域、各公司乃至公司每个具体的岗位都不相同，如果不进行薪酬调查，很可能陷入“无效花钱”和“花钱无效”的窘境。

第二，帮助我们了解薪酬水平，优化薪酬结构。

由于M公司对岗位和能力的要求有所区别，薪酬水平的设计往往也有所不同。薪酬调查可以帮我们了解某些岗位所处的薪酬区间，有助于我们增强这些核心岗位的薪资竞争力。

M公司作为一个集团公司，已经分别在国内三个城市建有独立的事业部，在国内二十多个城市设有分公司和办事处，其业务范围广、涵盖体系多，既有负责生产制造的工厂，也有负责市场营销的公司，还有负责科技研发的研究院、采购中心和供应链公司，以及分布在工厂、公司、研究院和技术中心的职能支持部门，等等。这么多部门，数百个岗位，基于企业战略，以岗位价值来区隔，自然就有核心岗、辅助岗之分，相应地，不同地区、不同部门、不同岗位的薪资水平也需要有所差异。

所以，只有了解市场的薪酬情况，我们才能有针对性地调整内部薪酬水平，保证组织内各个岗位、员工的薪酬公平，同时控制薪酬总额，合理调整固定薪酬、浮动薪酬、福利待遇等要素之间的比例关系。

第三，帮助我们了解薪酬变化趋势。

虽然市场的动态受阶段性因素影响，但整体的趋势是可以预估的。我们所做的薪酬调查越深入，掌握的数据就越全面，得到的情报就越准确，对于未来趋势的了解也就越精准可靠。对未来趋势的把握，不仅能帮助M公司在战略和策略上作出及时、超前的调整，还有助于规避风险，做好薪酬预算。

M公司是一家上市公司，在行业高速增长和发展的态势下，公司却发展放缓和绩效下滑。根据M公司自己的调查结果，“M公司员工的工资普遍高于同行业水平，高管的薪酬待遇过高，拉低了企业的利润”，这个结论虽然浮于表面，但直观地表现出M公司认为其员工薪酬水平高于市场水平的认知，这说明M公司很可能错误地理解了市场的薪酬变化趋势，以为市场工资水平很高，于是自发为员工涨了工资，但事实并非如此，同时，由此带来的高昂的人力成本，很可能也是影响M公司发展的一项重要因素。

只有基于薪酬调查的诊断，才能了解看似风平浪静的市场之下蕴藏着多少暗涌。从M公司的调查数据中发现的市场薪酬变化趋势，给我们后续制订薪酬策略、薪酬预算和成本控制等带来了很大的帮助。

第四，帮助我们找准薪酬定位，诊断薪酬问题，完善薪酬设计。

通过分析和对比M公司从市场上获取的大量薪酬数据，可以帮助我们找到企业内部存在的薪酬缺陷，从而诊断企业内部的薪酬问题。同时，其获得的友商数据和行业报告，也能为我们提供行业的基本薪酬水平参考，让我们了解M公司处于什么水平。

比如，当我们的薪酬数据处于行业50分位以下时，说明我们的薪酬水平在行业中处于跟随状态，在薪酬市场上处于相对被动的地位，往往很难吸引优秀人才加入我们。如果在25分位左右，则说明我们处于行业滞后水平，不仅很难招揽人才，甚至连内部人才也很容易流失。如果处于50分位以上，那就说明我们在市场上具备一定的竞争优势，并且在人才竞争中占据相对领先的地位。

我们从M公司的调研数据中发现，其高管薪酬基本上处于75分位，甚至有一部分达到更高的90分位，确实远高于市场平均水平，属于具有极高竞争力的薪酬，可惜由于薪酬体系整体有问题，使高分位的薪酬失去了激励效用，更严重的是，已经成为拦在企业薪酬变革路上的“绊脚石”。

从调查中看到问题，从问题中寻找方案，有效的外部薪酬调查对诊断薪酬问题、完善薪酬体系具有极大的助力。恰如那句老话，“答案就在问题之中”，调查本身就是在解决问题。

薪酬调查的6步操作流程

有效的薪酬调查必然是建立在科学、合理的数据搜集、整理和分析的基础上的。在进行薪酬调查前，首先要明确薪酬调查的目的和价值。所以，我们认为有必要在M公司原有的调查及其提供的调查资料之上再进行一次目标清晰、翔实有效的薪酬调查，力求得到市场真实的薪酬数据，并且通过研究分析来获取准确的市场薪酬人效数据，从而评估M公司真正的薪酬人效水平，为后期制订薪酬策略，重构薪酬体系提供依据。

在确定薪酬调查目标之后，我们通过以下6步来完成对M公司的薪酬调查。

第一步，确定调查岗位。

M公司有2000余人，百余个工作岗位，对其所有薪酬情况都做一次市场调查难以实现，这样不仅耗时耗力，而且会给企业带来不必要的资源浪费和成本消耗。

我们对M公司的各事业群、分公司、办事处、制造工厂、研究院所、中心、公司、职能部门等10余个一级单位进行了仔细盘点，发现共有百余个岗位，在有限的时间内根本无法一一调查。

由此，我们确定了薪酬调查的第一步——找到需要做市场调查的关键岗位。经过充分沟通，我们决定挑选10—20个关键的代表性基准岗位进行薪酬调查。

所谓关键的代表性岗位，通常有两大特点，一是岗位价值大，对于企业业务开展很关键，比如M公司中事业群的总经理级岗位，对内管理团队、对外面对客户，是企业效益的直接影响岗位，具有重大价值。二是代表性强，比如人数众多、行业辨识度强、认可度高的岗位，M公司深耕新能源材料行业，其研发体系下有一大批工程师，负责各类技术的研发、产品的迭代，同样地，M公司的制造工厂拥有一批高度相似的技术型岗位，这两类岗位就是典型的代表性强、人数众多的岗位。

当然，基准岗位的选取还需要考虑多方面的因素，比如行业中的代表性，即是不是这个行业中的典型岗位；公司层面的代表性，不同层级、不同业务下的典型岗位；还有部门中的代表性，尤其是一些特殊部门，不可或缺而又相对独立，比如M公司总裁办人员不多，岗位也不多，但负责的事项众多，是标准的重点岗位；还有采购中心，M公司的采购岗层级不高，相对独立，但对企业的生产经营有着较大的影响力，因此同样也被列入此次调查的基准岗位中。

需要注意的是，不同性质、不同领域、不同行业、不同发展阶段，公司的关键代表性岗位并不一致。甚至可能出现某个岗位在A公司属于重点岗位，在B公司却只能屈居普通岗位的情况，这并不是说岗位选取有问题，而是两个公司的核心竞争力不同，或者是发展阶段不同、阶段性战略目标不同等，导致的岗位价值不一。

如此，我们把企业内一些核心的、关键的、重点的岗位当作基准岗位，单独进行薪酬调查。以此为基础，可以有效地帮助我们诊断企业内部的薪酬问题，同时，以这些岗位为标杆，就能很好地反映整个企业的薪酬水平，这对于后续的薪酬设计具有指导意义。

第二步，确定调查内容。

通常而言，薪酬调查的内容包括职位信息、薪酬水平、薪酬结构、企业性质与规模、薪酬其他信息等。

职位信息是薪酬调查中的重要环节，也是最容易出现问题的内容。在实际调查中，经常会出现职位名称相同，职责划分不同的情况。这时候，只看职位名称显然不够准确，还需要将对应的职务序列、工作描述、任职要求等信息进行对比。比如，M公司的产品经理岗位就和传统公司以及同行业公司的定义明显不同。一般公司的产品经理就是产品牵头人，负责产品的运作和协调，而M公司的产品经理岗位有点像某些互联网公司负责人的产品经理，职责范围涵盖从立项到研发、供应链、生产，再到营销的全流程，是实打实的跨部门、跨业务线的经理角色，搞清楚这一点，才能避免薪酬调查出现“错位”的情况。

薪酬水平，是指企业支付给各个岗位员工的薪酬数额情况及其达到的程度。

薪酬结构，是指企业支付给员工的薪酬各部分的构成及其比例，也就是我们常说的固浮比，所有的构成单元都可以划分为固定和浮动两个部分。

薪酬水平和薪酬结构往往是薪酬调查的核心内容，也是我们进行行业对比，分析自身薪酬问题的重要依据。

这次对M公司的薪酬调查主要就是针对这一方面，对不同体系、不同岗位的薪酬水平进行翔实的调查，包括对薪酬结构的分解。M公司的部分高管并不认为自己的薪酬高于同行，常常举出具体的案例来说明，但通过调研，证明M公司的各个岗位的固定薪酬是远远高于市场薪酬水平的，M公司的固定薪酬与企业当时在行业中所处的地位是极度不匹配的，带来的结果就是薪酬的激励效用整体偏弱，价值创造能力不足，因此，在后期的薪酬体系设计中，我们着重提升了M公司薪酬的整体激励性。

企业性质和规模，在薪酬调查中也扮演着重要的角色。不同性质和规模的企业，比如国企、民企和外企，它们在薪酬策略上往往有明显的区别。如果不对其加以分辨，一概而论，就失去了参照和对标的价值。M公司是一家标准的上市民企，如果你用同行业国企的数据来对比，那很可能会带来错误的判断，虽然在同一个市场，但二者性质不一，所拥有的资源、创造价值的能力都不一致，因此，外部调查的对象选择也是需要评估的。

薪酬其他信息主要是指各个岗位所有与薪酬相关的信息，比如常规奖金和年终奖的情况，还有一些岗位涉及加班费的情况，一些规模较大的公司或已经上市的公司可能还涉及股票、期权的信息等。这些信息看似和薪酬体系的关联度不高，实则也是薪酬体系的重要组成部分。

我们在调查过程中发现，M公司的奖金设计模式和市场上其他公司的出入很大，他们将所有员工的奖金和年度业绩绑定在一起，导致出现一个巨大的问题——基层员工、中层执行者和高层决策层一并承担起整个公司年度效益的重大责任。这就意味着，如果某个年度效益不好，不仅高管没有奖金，中层执行者和基层员工也没有，这对基层员工的打击是巨大的。

总的来说，一个行之有效的薪酬调查，其关注的内容绝不仅仅局限于一个简单的薪酬数字，而是解构出来的各类薪酬信息。

第三步，确定调查范围。

在确定所需的调查内容后，还要确定薪酬调查的范围，即究竟需要收集哪些公司的薪酬数据？如果调查范围不当，很可能使得调查数据存在较大误差，导致调查结果失效，最终影响后面的薪酬决策。

调查范围的划定是薪酬调查中十分重要的一环，只有明确好薪酬调查的范围，才能保障未来薪酬设计参考的准确性。那么，我们要怎么选择薪酬调查的范围呢？通常而言，调查范围以地域、行业、规模、员工竞争为主要的区隔指标。

第一，同城市的竞争对手。

地域，一般就是企业所在的城市，不同的城市经济发展情况各不相同，薪酬水平自然也不一样，因此，薪酬调查区域大多定为企业所在地区。企业在哪座城市，就要调查哪座城市的薪酬数据。M公司位于长三角地区，自然是将长三角地区的竞争企业作为调查对象才具备参考意义，但是M公司在全国的其他地区也有事业部、分公司、办事处和制造工厂，因此就需要综合考量。

这一点说起来容易，做起来却很难。这是因为有些企业为了方便，往往会向一些咨询公司或者招聘网站购买数据，而这些数据可能来历不明，或者并非本城市的数据，很容易造成误差。还有一些企业，明明处在三、四线城市，购买的却是一、二线城市的数据，他们以为大城市的做法比较先进，值得学习，殊不知，这样做其实是在抬高自己的人力成本，让自己承担不必要的薪酬压力。M公司原有的薪酬调查资料所调查的企业大部分都在这个相应的区域内，符合我们的调查原则。

大城市的很多东西可以学，但薪酬设计绝对不能学，一学就“死”，一学就废。大公司往往花不少的钱养了不少的闲人。比如，深圳一位普通文员的薪酬，到了三、四线城市，可能要相当于某些中高层管理者的薪资，大公司更是如此。所以，调查区域不恰当的数据是不具备任何参考价值的，是我们必须避免的。

第二，同行业的竞争对手。

俗话说，强大的敌人，就是我们最好的老师。同行，是市场竞争的最直接参与者，是我们需要第一个了解的对象，也是最具价值的参考坐标。找到那些和自己处于同一系统的竞争者，把他们当作“老师”，进行对标、参考和学习，是不错的选择。

M公司是一家基于新能源材料的研发、生产、销售，即技工贸一体化的公司，往大了说，整个新能源行业都可以是其参考对象，但实际上在新能源行业的产业链上，上中下游的公司数量庞大，调查范围过大，且薪酬水平差距大，对后续结果的影响也很大，于是我们对行业进行适度细分，直接切入新能源材料企业，将其细分为技术研发、生产制造和贸易三类企业，从一个大的“选取区间”变成一个相对小的“选取区间”，之后再进行调查对象的选取，结果将更精准。

第三，本地区内员工数量、体量规模大致相当的企业。

人往高处走，水往低处流。员工在离职或跳槽时，往往会选择“往高处走”，而不是“往低处流”。正所谓“良禽择木而栖”，没有人甘愿走下坡路，去更差的企业。员工离职，很多是希望去一家更好的企业，或者条件与前一家公司大致相当，待遇相对更好的企业。

M公司作为一个拥有数千名员工的集团型企业，其规模在行业中虽称不上头部企业，但也处于中上游水平，从某种程度上来说，能够入职M公司的员工实际上也代表了行业人才的中上游水平，如果他们要跳槽，或者M公司要挖掘更多的优秀员工，自然要更加关注和M公司体量相似或者规模更大的企业的薪酬。如此一来，调查范围就大大缩小了，而且也相对更加精准了。

当然，这不是绝对的，但大概率是如此。所以，把那些和自己处于同一区域，员工人数相近、规模相当的企业也纳入我们薪酬调查的范围中来，是很有必要的。尤其是对于一些中小城市的企业，这种方法很奏效。

在一些中小城市的大企业中，你会发现这样的现象：今天，A企业的员工跳槽到B企业去；明天，B企业的员工就会跳槽到A企业来。人员的流动主要都集中在同一层次的企业之间。所以，尽可能地了解那些和自己“门当户对”的企业，也是我们设定薪酬调查范围的重要原则。

第四，同一地域相互竞争员工的企业。

这一类潜在的“竞争者”，总是被大家忽视。这些企业看似与我们毫无瓜葛，既没有业务上的竞争，也没有市场上的敌对，更没有产品上的交集。可是，在员工的使用上，却往往存在相互替代的关系。

比如，一家生产电冰箱的企业和一家生产微波炉的企业，两个企业的产品没有直接竞争关系，市场也不冲突，但是两者都需要大量的技术生产工人，所以存在员工使用上的替代关系。

再如，处于同一所大学周边的两家企业，两者可能都觊觎这所大学的同一类毕业生。这时候，它们已经构成了实际上的人才竞争关系。类似情况的企业，在人才市场上都是我们的竞争对手，是我们不得不调查的对象。

M公司作为一个新能源材料企业，技术研发是重中之重，但是，技术人员并不会局限于如此狭窄的一个细分行业去就业，其他领域的材料企业同样需要，如果我们没有把这一部分竞争对手的薪酬情况搞清楚，很可能出现企业的技术骨干直接“跨行”跳槽的情况，直接影响企业的核心竞争力。

在明确了地域、行业、规模、员工竞争这4类指标后，企业的调查范围就呼之欲出了，接下来的关键就是获取真实有效的数据。

第四步，确定调查渠道。

在确定了M公司薪酬调查的范围之后，我们就开展了薪酬数据的获取工作。毕竟，前序步骤都是铺垫，拿到真实有效的数据才是最关键的。

目前获取薪酬数据的渠道看似很多，但总的来说不外两大类：一类是“直接花钱买”，另一类是“自己动手做”。

“直接花钱买”，就是聘请专业的薪酬调查机构、咨询公司进行调查。这些专业调查机构的运作规范、数据调查渠道广、分析建模比较成熟，能根据企业的特点和需要，提出针对性的、个性化的薪酬调研方案，并为企业提供配套的服务以及给出合理的建议。

不过，即使是专业机构，其在调查时也不可能尽善尽美。有的机构会以行业秘密为由，拒绝提供信息采集的方式、数据来源和分析方法。这种情况下，企业往往很难判断他们的数据是不是真实、准确的，很容易被牵着鼻子走，陷入被动。并且，大多数专业机构的调研费用都不低，会给公司带来很大的成本压力。

M公司最早就是选择通过购买数据的方式进行薪酬调查，后来对比了几家同行给出的结果，发现这些数据偏差较大，而且如果采用这些数据，企业还要进行数据的深度加工和分析，而自己的人力资源专业能力无法承担如此重任，于是就放弃了购买数据，转而采用“自己动手做”的方式。

互联网和大数据发展迅猛，各行各业都会发布相关的行业数据，各地的薪酬数据也很容易查找，这对我们进行薪酬调查来说是极大的便利。因此，不少企业为了节省成本会选择“自己动手做”，具体渠道主要有4种，分别是：搜集政府或权威机构发布的调查数据、通过招聘信息询问、搜集招聘网站信息、参考所属行业上市公司财报测算。

国家相关部门、地方各级劳动保障部门、相关统计部门每年会定期发布全国和地方的劳动力市场价格，许多行业协会、权威机构也会发布行业或特定岗位的薪酬水平数据。我们可以通过查询相关网站、报纸、杂志和学术期刊等获取相关信息。

有的地方政府还会根据当地的经济发展水平、城镇居民的消费者物价指数，或者其他的一些经济指标，来确定地区的劳动力市场的薪酬指导线，并形成规范制度，这是政府调节劳动力市场价格、指导企业职工的薪酬水平结构和分配的一种宏观调控形式。

政府部门提供的某些薪酬数据，通常来说比较权威，可信度也比较高，是获取免费薪酬信息的重要渠道。

除了政府部门会提供薪酬数据外，很多行业协会也会定期公布行业相关的薪酬信息。另外，一些学术机构、论坛、杂志以及其他的人力资源服务机构也会公布一些薪酬调查结果，这些具有一定的参考价值。

从这种渠道获得的数据是无偿的，可以节省调查成本，可靠性也很高。但是，这些数据通常较为粗放和滞后，往往是上一年的薪酬情况，笔者称之为“冷数据”，这类数据不能作为唯一的参考。并且，政府和行业协会等公布的数据，其覆盖面一般都很广，博而不精、大且庞杂，往往缺乏针对性，对没有专业薪酬数据分析团队的企业来说是一件比较头疼的事。

一些公司还会利用招聘的机会，向求职者询问信息，获取相关数据。这种方式成本极低，但效果不错。在招聘面试时，招聘企业会利用询问机会，向应聘者询问上一家公司的薪酬水平。虽然应聘者的回答会有一定水分，但不影响我们对其作一个大概的范畴评估。这种方式只能起到辅助作用，不能作为主要方法。不过，把它列入企业的日常薪酬调查方法，配合其他渠道使用，也是不错的补充选项。

最后一种渠道，就是在招聘网站上搜集相关信息。在招聘网站上，我们可以轻易搜索到某个区域、某个行业、某个企业甚至是某个岗位的招聘信息。从中，我们可以获得相关的薪酬数据。这种方式直接有效，由此获得的数据不仅有很高的真实性，而且有极佳的即时性，笔者把它称为“热数据”。不过，这种方法往往只能找到一些基础岗位的数据，那些级别较高的职位的数据往往难以直接获得。

近些年，随着招聘行业的发展，一些招聘平台每隔一段时间就会发布招聘信息大数据。这些大数据也是我们获得薪酬数据的重要来源。

以上说明的三种方法，优点很明显，操作简单、成本低，比较适合中小型企业，但获取的数据比较单一、真实性存疑。而M公司规模体量处于行业中上游水平，薪酬调查需要获取的数据多而广，仅仅靠以上这些方法无法满足复杂的调查需求，所以我们采用了“自己动手做”的第四种方法，通过对所调查范围内的上市公司的财报数据进行拆解、分析与测算，从而得到细致的数据。

通常，上市公司的财报内容都是极其详细的，从总人数到细分人数，从销售额到具体利润，从总薪酬到细分费用，基本上，薪酬调查所需数据的源头，通过我们的专业能力都能够挖掘到，只是工作相对复杂而已。

比如，我们为了获取M公司的某个上市公司竞争对手的薪酬人效数据，需要得到4个关键指标的数据情况：人均销售额、人均净利润、每万元薪酬销售额、每万元薪酬净利润；而要得出这四个关键指数，就要获取总人数、薪酬总额、销售额和净利润四个指标，再计算出结果。

上市公司的财报都是公开定期披露的，且真实性强，可信度高，在全景网、巨潮咨询网、东方财富网等平台都可以自由下载获取。除了前文提到的总人数、薪酬总额、销售额和净利润这类关键指标，财报中还包括具体的销售类指标、研发类指标、营销类指标，甚至包括高管薪酬等。如果你的企业规模相对较大，所需的数据多样，完全可以采用此类数据获取方法。

笔者和笔者的薪酬人效专业团队，每年都会对国内全行业的薪酬人效情况进行专业的调研分析，并形成年度《中国企业薪酬与人效白皮书》，为中国企业的薪酬诊断和人效分析提供一些数据参考与建议。本书读者可以通过微信扫描右侧二维码沟通获取。

瀚霆方法论

除了以上这些方法，我们还可以通过峰会论坛、行业大会、行业座谈、讲座、HR内部渠道，或者有针对性地发放调查问卷，组织线下调查活动等方式来搜集所需的薪酬资料和数据。

第五步，进行薪酬数据分析。

单一企业的数据无法构成有力的参考，只有整合所有符合需求的企业数据，才能精准反映市场的整体薪酬水平。因此，在拿到M公司所调查企业的全部薪酬数据后，关键的一步来了——对数据进行整合、梳理和分析。

需要注意的是，在统计分析过程中要注意统一统计口径，为避免数据整合出现失误，最好采用计算机技术进行数据分析和处理工作。

对于常规数据，比如各个岗位的薪酬水平数据，我们通常会使用集中趋势法、离散分析法、数据排列法、频率分析法、图标分析法、回归分析法等方法去计算。由于M公司所调查企业的薪酬数据整体呈现出“大同小异”的特点，因此，笔者采用了相对简单快速的集中趋势法中的加权平均值法，通过计算加权平均值得到各个岗位的市场薪酬。具体公式如下。

某岗位市场薪酬=Σ（对标企业工资数×对标企业员工数）÷对标企业员工数

反复多次，即可计算出所有岗位的薪酬水平数据，当这个数据体系出来以后，就需要绘制出反映市场薪酬水平的薪酬结构图和本企业的薪酬结构线，并与企业自身的薪酬水平进行比较和分析。

基础的薪酬水平数据，都可以基于以上方法去计算和分析。然而，薪酬设计的最终目的是提升人效，提高企业效益，因此，如果薪酬调查只局限在薪酬水平这类基础数据上，那就完全理解错了薪酬调查的价值，薪酬调查最重要的目的是了解企业薪酬对人效的激励情况，确定是高于同行，还是低于同行，高多少或低多少，具体指标又是多少，这才是薪酬调查的最大意义。

这也是笔者决定对M公司采用财报数据测算去获取信息的原因，这样才能拿到足够的薪酬人效数据。我们决定选取刚刚过去的一个财政年度，根据M公司原有的薪酬调查数据，并结合此次财报分析获得的关键数据，进行薪酬人效数据分析。

比如，笔者和团队开始重新整合外部调查的结果，将核心数据分为人均薪资、人均毛利润、每万元薪资利润和每万元薪资营收4类，分别构成4

项可以充分反映M公司薪酬问题的数据。

第一，企业人均薪资情况，即用本企业过去一个财政年度薪资总额除以本企业过去一个财政年度员工总人数。

第二，企业人均毛利润，即用本企业过去一个财政年度企业毛利润总额除以本企业过去一个财政年度员工总人数。

第三，企业每万元薪资利润，即用本企业过去一个财政年度利润总额除以本企业过去一个财政年度薪资总额。

第四，企业每万元薪资营收，即以本企业过去一个财政年度营收总额除以本企业过去一个财政年度薪资总额。

通过对这4项数据的分析，我们逐渐发掘出M公司薪酬问题的“真相”。

表2-1　M公司薪资与人效市场对标表

人均薪资			人均毛利润			每万元薪资利润			每万元薪资营收		
序号	对标企业	人均薪资（万元）	序号	对标企业	人均毛利润（万元）	序号	对标企业	利润（万元）	序号	对标企业	营收（万元）
1	××股份	18.91	1	××科技	45.67	1	××科技	3.74	1	××股份	56.00
2	××技术	18.07	2	××股份	39.98	2	××技术	2.45	2	××股份	39.73
3	××股份	17.88	3	××技术	39.76	3	××股份	2.24	3	××科技	34.68
4	M公司	17.66	4	××股份	35.48	4	××技术	2.20	4	××技术	31.05
5	××科技	15.57	5	××科技	23.17	5	××股份	1.75	5	××科技	23.29
6	××股份	15.17	6	××股份	19.57	6	××科技	1.33	6	××股份	18.66
7	××股份	14.92	7	××科技	16.86	7	××股份	1.24	7	××科技	12.85
8	××股份	14.75	8	××技术	14.43	8	××技术	0.97	8	××股份	11.47
9	××技术	14.49	9	××技术	14.04	9	××股份	0.92	9	××技术	9.86
10	××技术	13.37	10	××股份	12.68	10	××科技	0.89	10	××技术	8.65
11	××股份	13.23	11	××股份	10.81	11	M公司	0.79	11	M公司	8.46
12	××技术	12.26	12	M公司	10.45	12	××股份	0.78	12	××股份	8.07
13	××科技	12.20	13	××股份	10.35	13	××股份	0.75	13	××股份	7.63
14	××科技	11.28	14	××技术	9.20	14	××技术	0.69	14	××技术	6.99
15	××股份	10.19	15	××股份	9.18	15	××股份	0.61	15	××股份	5.83

从“人均薪资”这一栏，我们可以看出，M公司老板说得没错，他们公

司的薪资在行业中的确处于领先地位。在长三角地区同类型企业中，他们不仅属于第一梯队，并且挤进了前五，排在第四位。这说明，M公司为自己的员工支付着行业内具有竞争力的薪资，在我们与M公司老板沟通过程中，也能明确感受到他是愿意为员工支付高薪酬的。

不过，当我们将目光移向第二栏“人均毛利润”时，M公司的薪酬问题就出现了：M公司为员工支付了很高的薪资，却没能给自己带来与之匹配的效益。他们的薪资水平排在前五，可毛利润却未能跻身前十。

更可怕的是，M公司与名列前茅的企业相比，毛利润的差距是“倍数级”的，第五名的人均毛利润是M公司的两倍多，行业龙头更是达到其人均毛利润的4倍多。这说明，M公司付出了高薪酬，却只能赚点小钱。

不过，更糟糕的还是后两项数据。在第三栏“每万元薪资利润”中，M公司只有可怜的0.79万元。也就是说，M公司每花费1万元的薪资，只能为企业带来0.79万元的利润，同样与前五名的公司有巨大的差距。

在第四栏“每万元薪资营收”中，M公司的情况也不容乐观，与同行数据悬殊。

总结这4项数据，我们不难发现：M公司用高分位的薪酬待遇，产出低分位的人效，给企业带来近乎微薄的效益，这就是典型的“高薪低效”。

而导致M公司“高薪低效”的深层原因，正是企业的薪酬设计未能发挥对价值创造的激励导向作用。换言之，企业的薪酬设计与员工的绩效脱节了。

为了验证外部薪酬诊断的结果，我们又对M公司内部进行了调查，发现M公司内部大搞“一荣俱荣，一损俱损”的总体绩效考核方法，即部门绩效不好，全部门员工受连累；全公司业绩不好，全公司所有员工受连累。

这种“连坐绩效法”的基本逻辑是，公司的业绩和所有员工相关，业绩不好，所有员工都要承担责任。

这种方法看似有其合理性，但仔细分析，我们就会发现以下问题。

第一，公司的绩效与员工个人的关联度往往较小，尤其是基层员工，让他们承担连带责任，会导致员工的实际责任大于他的权利，权责不符，会极大挫伤员工的工作热情。

第二，在企业亏损的情况下，那些已经完成自身绩效指标的员工，往往由于公司或部门业绩不达标而导致自己的奖金受影响；相反，在企业盈利的情况下，即便员工没能完成绩效指标，由于公司整体业绩达标，也会获得一定的奖金。

俗话说，“赏罚不明，百事不成”。这种“连坐绩效法”带来的后果就是，不仅让懒惰的、平庸的员工丧失了努力的动力，也让勤劳的、优秀的人才寒了心，不愿意再多付出。最终的结果只能是所有员工都“事不关己，高高挂起”，不愿承担责任，也不愿提高绩效。

薪酬作为“发动机”的功能丧失了，员工感受不到激励性，平庸的员工会越来越懒惰，优秀的员工则开始另谋高就，企业内出现“劣币驱逐良币”的现象，企业文化开始变质，企业活力也就逐渐消失。

以上还仅仅是对这4个薪酬数据调研、挖掘和分析的结果，更多的薪酬与人效相关联的数据分析内容笔者在此就不一一列举了。

第六步，形成薪酬调查报告。

经过仔细的数据梳理、分析之后，我们不仅得到了基础的薪酬信息，包括各个岗位的薪酬水平、薪酬结构等，还获得了M公司及其竞争对手公司的薪酬人效数据，分析出M公司的更多严重薪酬问题：对员工价值创造的不明确，导致责权不符，薪酬对员工的激励性丧失，绩效失效，进而导致M公司“高薪低效”，花大钱赚小钱，销售额、利润、市场规模等诸多指标远低于同行业的友商。

由此我们得出一个结论，想要从根源上改变M公司的薪酬现状，当务之急就是帮助公司理清自己的付薪理念，搞清楚自己为什么而付薪，让公司员工明白企业为什么付薪，自己如何才能拿到高薪，这样我们的薪酬改革才能有基础，才能有赖以生存的根基。

然后，我们对搜集到的数据和资料进行汇总整理，制作成图表和矩阵，并基于前期的数据分析结果，草拟初步的方案和建议，最终形成了终版的M公司薪酬调查报告，为后续在薪酬设计中提供决策信息与依据。

经过细致的薪酬调查，结合缜密的分析，我们诊断出M公司的主要薪酬问题，为接下来的薪酬治理和改革指明了方向。

没有调查，就没有发言权，更没有决策权。M公司要想实现薪酬变革成功，刻舟求剑不行，闭门造车不行，异想天开更不行，必须进行全面深入的薪酬调查研究，知己知彼，才能为薪酬设计决策提供精准而有效的参考，才能让薪酬真正发挥出最佳的激励效能。

数据不会骗人，数据见证真实。所有的战略决策、经营策略，最终都会反映到数据上来。薪酬调查的结果，就是用数据展现实际的薪酬情况，用以评估企业的薪酬体系是否匹配企业的经营情况，是否对内部团队有激励性，是否对外部人才有吸引力，是否能推动企业人效的提升……

细致、翔实的薪酬调查，是薪酬变革路上的一小步，却是推动企业迈向高人效的一大步，更是不可或缺的一步。

第三章

你为什么付薪？搞清你的薪酬理念

美国管理学大师吉姆·柯林斯在《从优秀到卓越》一书中说，一家企业不会因为支付的薪酬多而变得伟大或卓越。**人不是企业最宝贵的资产，合适的人才是！**

事实上，在薪酬问题上，企业最先关心的应该是“把钱给谁”，而不是“到底给多少钱”。这里我们谈论的，正是付薪理念的问题。

所谓付薪理念，就是公司以什么为依据来为员工支付薪酬。说得直白点，为什么给员工发工资。

这个问题指向公司的资源分配理念。要知道，每家公司的资源都是有限的，薪酬成本也是有限的，如何让有限的资源和成本，最大限度地作用到最合适的人、最合适的地方，产生最大的价值、效益和利润，这正是进行薪酬设计时首先要思考的问题。

比如，华为一直主张奋斗者文化，坚持“不让雷锋吃亏”的原则，其付薪理念也完美发扬了这一思想，坚持为企业奋斗者付薪，奖励那些为企业奉献的人。

01

为价值创造者付薪

笔者和团队进驻M公司后关心的第一个问题，就是企业的付薪理念。由于这家公司是从传统制造行业转型到新能源材料行业的，内部充斥着传统的职位等级制度，是一家典型的“为职位等级付薪”的公司，也就是本书第一章里提到的“论资排辈型”企业。

所谓“为职位等级付薪”，就是薪资水平按照所在岗位的等级高低来判断。比如，基层工程师的月薪基本维持在A水平，中级工程师维持在B水平，高级工程师维持在C水平，部门总监和高管维持在D水平。达到某个职位等级，就能获得某个等级的薪资待遇。

但是，M公司在新能源材料领域发展的过程中，企业内部的人才需求也发生了巨大的变化。公司需要大批新能源领域的科技人才。因此，公司在短期内聘请了一批年轻的新能源工程师。由于这个行业的工程师比较紧缺，公司在招聘之初便给予他们很高的待遇。

结果，年轻工程师刚进入公司，虽然挂着初级工程师或中级工程师的头衔，却拿着原来高级工程师甚至资深工程师的薪资，这就导致公司内出现了“低职级、高薪资”的职级和薪级混乱的现象，还引发了严重的“薪酬倒挂”问题。

俗话说，地基不牢，地动山摇。M公司的薪酬体系失效，从根本上说，是因为其薪酬设计的“根”从一开始便扎错了地方。一棵大树，如果生长在贫瘠的土壤里，势必会限制其生长。

因此，薪酬设计的第一项任务，就是为公司找到一片可以扎根的“肥沃土壤”。笔者和团队花了大量时间，从M公司的发展战略、内外策略和历史传统中寻找脉络，并结合企业的核心文化，最终确定了M公司全新的付薪理念：**为员工的价值创造付薪！**

这一付薪理念，很好地回答了“为什么给员工发工资”这个核心问题。它向员工表明，企业将把更多的资源，倾斜在那些能为企业带来更多价值，带来更多产出的员工身上，也就是企业中真正的价值创造者身上。

这里的“价值创造者”，通常可以分为两类：第一类是当下的价值创造者；第二类是未来持续升值的价值创造者。

当下的价值创造者

当下的价值创造者，最容易让人联想到那些为企业带来高业绩或高绩效的员工。他们往往是为企业带来最直接价值创造的人，他们是我们激励的主要对象。

不过，需要注意的是，“价值创造”并不意味着单一的绩效或者业绩。很多时候，员工创造的价值往往不是收入、利润等方面的绩效所能表现的。比如，高管层所做的决策，往往较为长远，价值也很高，但无法简单用绩效结果来衡量。同样地，一些科研任务的研发周期长、价值回报的周期也很长，这种情况往往也很难用当下的绩效结果来计算。

因此，对于价值创造者的评估与衡量，不能依靠单一的绩效指标，否则很可能导致员工唯利是图、目光短浅、过度竞争，甚至是自私自利。

最好的办法，是全方位、多角度评估员工的综合价值，例如，针对研发项目，可以关注项目的关键性、项目难度；针对销售人员，可以增加客户回访、满意度调查；针对生产人员，可以增加资源利用率、产品一次性达标率、质量合格率等考查。

总之，对于当下的价值创造者，我们要参考其当下的业绩和绩效成果，但不能只看这两项，更要关注综合价值，对员工创造价值的过程进行评估与管控。只有这样，才能让员工不断产出更高价值、实现更高绩效。

未来持续升值的价值创造者

企业不仅要注重当下的价值创造，还要考虑长远的经营发展。因此，除了要对当下的价值创造者进行薪酬激励倾斜，还要考虑那些能为企业长远发展带来价值，或在未来企业发展中能为企业持续创造价值的员工。

一般来说，能为企业未来发展持续带来高价值产出的员工，往往都属于组织内某一方面的高素质人才。对于他们的薪酬激励，除了要考虑当下的价值创造，还要考虑他们持续为企业创造价值的能力。

1973年，著名心理学家麦克利兰，结合自己对人性的研究，提出了著名的“冰山模型”理论（见图3-1），将员工的能力素质比作漂浮的冰山，认为能力素质分为“水面部分”和“水下部分”。

处于水面之上的，是我们一眼就能看到、显而易见的能力，比如员工的基本技能、专业知识等；而水面之下的能力，则是难以测量、不易察觉的，通常隐藏在人的性格、潜意识，甚至是个人的世界观、人生观、价值观之中，比如自我认知、人格特征、动机等。

通过研究，麦克利兰发现优秀员工与一般员工的最大区别，不是知识的多少和技能的高低，而是价值观、动机、态度和个性等“水下部分”。他将员工的这部分能力称作“胜任力”。

换言之，那些具备良好胜任力的员工，如果能获得良好的发展，将来或许会为企业带来更大更持续的价值创造。给予他们的薪酬激励是我们的长期投资，也是不可忽视的。

无论对当下的价值创造者进行薪酬激励，还是对未来的“潜力股”人才

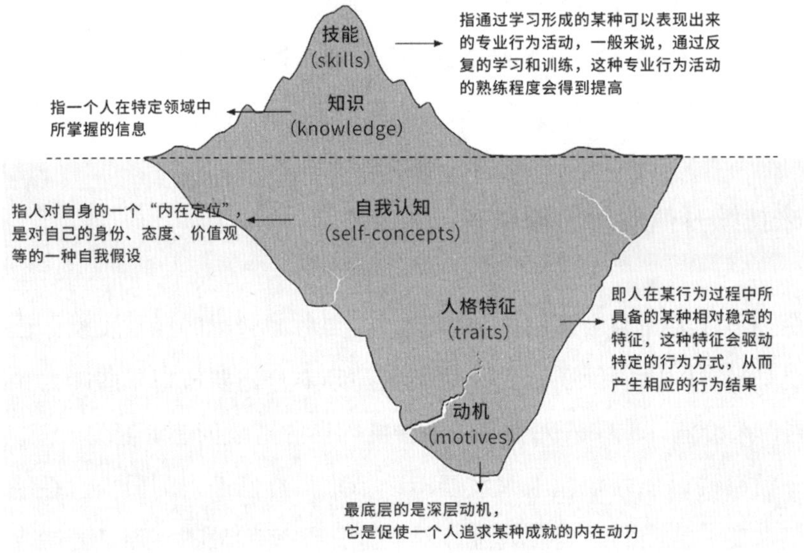

图3-1 “冰山模型”理论

进行薪酬激励，我们的出发点始终不变，那就是：为价值创造者付薪。

事实上，这一付薪理念不仅适用于M公司，同样也适用于绝大多数追求高人效，渴望提升效益和利润的企业。

对企业来说，判断一个员工优秀与否的关键，不在于岗位的高低，也不在于业务的繁忙与否，而在于是否真正为企业带来价值，是否在工作中不断提升自我的价值创造。

明确了这一点，我们的薪酬设计才不会本末倒置，不会缘木求鱼，不会只抓住岗位、职务、职称或头衔不放，而忽视了薪酬激励的真正重点和核心！

02 如何把付薪理念落地

事实上，“为价值创造者付薪”这一理念几乎适用于所有的公司。唯一的区别是，不同公司对于“价值”二字的理解是不同的：有的企业更看重利润，有的企业更看重客户量，有的企业更看重市场规模……

由于不同企业对“价值”的理解不同，对于高价值创造者的判定往往也有所区别。因此，即便同样以“价值”为付薪理念，我们从亲历的无数企业薪酬设计案例中发现，其具体的薪酬设计与付薪策略存在着非常大的差别。

在唯绩效论的企业里，价值创造者被定义为“绩效高的员工”，企业将大量的资源向高绩效人才倾斜，薪酬设计也主要按绩效考核来衡量。

在以岗位价值为主的企业里，管理者普遍拥有一种观念：岗位等级越高，员工所能创造的价值往往也越大。因此，他们按职位等级的高低来评估薪酬的多少。

但事实上，单纯按照绩效或岗位来衡量员工的价值往往都有失公允，同时也会给企业的薪酬设计带来麻烦。所以，如何理解“价值创造”，如何判断谁是“价值创造者”，是我们落实付薪理念，变革薪酬设计的关键之一。

通过对M公司的薪酬调研与诊断，以及对老板、管理者和员工的深度访谈，我们梳理出M公司的发展史，根据M公司最近的阶段性战略目标、愿景、使命、价值观、企业文化等，再结合M公司目前的企业运营模式，特别是M公司特殊的业务场景，最终确定了“高价值创造者”的判断标准（见图3-2），主要从这3个方面进行：第一，是否正常出勤；第二，是否有效上班；第三，是否创造了高绩效。这三个方面之间是层层递进、不断上升的关系。

图3-2　“高价值创造者”的判断标准

是否正常出勤?

是否正常出勤，是判断员工价值创造的最基本的标准。就像学校里评“优秀学生”，一个不按时上课的学生是不可能成为“优秀学生”的，因为他连最基本的学生规章都未能遵守，有什么资格成为“优秀学生”呢?

同样的道理，判断一个员工是否优秀，是否有价值，最基本的衡量标准是他的工作态度是否端正以及是否称职，无法正常出勤的员工，往往无法给公司创造价值。

其实，这一点主要是由M公司特殊的业务场景和运营模式决定的，M公司的业务主要是通过项目团队进行投标和中标获得的，项目团队的组建是“一个萝卜一个坑”，一个岗位配备了一个专业的职能人士，任何一个岗位都会影响项目的质量和进度等。

并非所有公司都是如此，比如本人投资的一家公司中，曾有一名年轻的女性销售人员因身体不适需要住院调理，而在医院休整的一个多月里，她并没有停下工作，反而超额完成任务，成为当月的销冠。那个月她没有出勤，却拿到了全公司最高的绩效奖金。

因此，正常出勤不是判断员工的价值创造的绝对标准。有时候，很多公司、部门、工作、岗位或人员并不需要完全按照“死板”的考勤打卡来衡量，特别是现在很多互联网公司，标准源自企业的实际情况。

但是，我们心里需要清楚，是否正常出勤，是否准时上班（在某些企业或岗位，远程办公和线上办公也算上班），对于大多数企业来说仍是判断员工有无价值的基础性指标。只有正常出勤才能保证员工正常履职，也才能保证其持续为企业创造价值。三天打鱼，两天晒网的员工，不仅不能持续为企业创造价值，有时候还会干扰公司的安排，打乱其他人的工作，损害公司的利益。

是否有效上班?

是否有效上班和是否正常出勤完全是两码事。在很多公司，员工准点上班打卡，然后坐在办公室里磨洋工或者“摸鱼”。人到了公司，心却在外面飘。这样的员工，同样无法为企业创造高价值。

因此，我们不仅需要判断员工是否正常出勤，还要判断员工是否做到了有效上班。所谓有效上班，就是员工在工作期间正常履职，完成了正常的工作，为公司创造了预期的价值。

那什么是履职呢？根据字面意思来理解，“履”就是执行、实行，而“职”就是职责、职务，履职就是指职务承担人按照职务所赋予的权力及义务，执行岗位职责的实践活动，兑现其对组织的承诺。

M公司的这一判断标准，是由其技术研发人员占比较大，技术研发周期较长，外派机构又较多等特殊情况决定的。

这一价值判断，是为了区隔公司里的上进者、奋斗者，与懒惰者、观望者、浑水摸鱼者、躺平者的价值区别，避免进行“大锅饭”式激励，避免将薪酬浪费在不对的或是不必要的员工身上。

是否创造了高绩效?

很多时候，我们会发现这样一个问题：员工正常出勤且按部就班地完成了手里的工作，但是无法真正为企业创造预期的价值。

比如，研发人员每天都准时上班，将大量精力用在项目研发上，按照上级的要求完成了任务，可是他研发出来的产品只是完成了上级交代的任务，却无法为公司创造价值。对于这类员工，如果仅仅按照前两个标准进行判断，显然属于“价值创造者”。但实际上，他的研发工作并未给企业带来实际的收益。如果将他认定为“价值创造者”进行高薪酬激励，显然是不合理的，这也是M公司目前存在的严重的薪酬问题之一。

因此，我们在判断一名员工是否属于“价值创造者”时增加了对其实际工作的考量，即是否创造了高绩效，或给企业带来了高收益。

比如，当一名销售按照要求完成了客户拜访工作，我们不能认定他就是“高价值员工”，关键在于他的客户拜访工作是否为企业带来客户增长、签单数的增加或销售额的提升。同样，一名职能人员按照要求完成任务，我们也不能认定其为“高价值员工”，关键在于他的任务是否足以分担部门或领导的烦恼，是否提升了企业的管理效率，能否使企业内部的流程更加通畅，能否帮助企业提升效益。

M公司对于高价值创造者的判断标准是“在完成基本履职任务的同时，亦能为企业带来超出预期的价值或回报”。换句话说，高价值创造者不满足于基本的履职任务，而是在此基础上不断追求，并帮助企业实现更大的价值。

03 有什么样的付薪理念，就有什么样的薪酬结构

薪酬理念决定了薪酬设计的具体方法。前文提到，企业要“为价值创造者付薪”，M公司具体落地的方法就是区隔3类员工：第一类是正常出勤者与非正常出勤者；第二类是有效上班者与无效上班者；第三类是高绩效创造者与低绩效创造者。

根据这3种“价值创造者”的区隔方法，我们把M公司的薪酬结构也分成了3个主要部分，分别是基本工资、职务津贴和绩效奖金，得出了新的员工薪酬计算公式。

员工薪酬 = 基本工资 + 职务津贴 + 绩效奖金

第一部分，基本工资，就是公司必须发放给员工的最低工资，这是根据国家法定要求公司必须提供给劳动者的基本薪资。这一部分薪酬，对应的是第一类价值判断标准，也就是员工“是否正常出勤”。只要员工正常出勤，就能获得这部分薪酬。

第二部分，职务津贴，是根据员工所在岗位的履职要求，对员工进行的薪酬激励。只要员工完成了公司规定的基本任务，就能获得相应的履职津贴。反之，如果员工未能如约完成工作，则会按照相应的履职条款扣除相应的履职津贴。这是员工薪酬激励的核心部分，涵盖着员工日常的绝大部分工作任务，对应的是第二类价值判断标准，也就是员工“是否有效上班”。

第三部分，绩效奖金，是指员工超额完成履职任务后所能获得的薪酬

奖励。需要注意的是，这里所说的绩效奖金，与我们平时所讲的绩效工资或绩效薪酬是不同的。

所谓绩效工资或绩效薪酬，是指公司按照员工完成的工作或达成的绩效，提供相应的工资待遇。但是，这里的绩效奖金是对员工超额完成任务的额外奖励。

换句话说，绩效奖金是为了鼓励那些创造额外价值的员工。他们只有超额完成任务，才能获得这部分奖励。

比如，某公司规定研发人员今年需完成2个有效研发项目，结果研发人员完成了3个。那么，第三个项目就属于额外的价值创造，针对它发放的奖励就属于绩效奖金。

同理，公司规定销售人员一个月需完成800万元的销售额，某销售人员完成了1000万元的销售额，那么公司就会对多出来的200万元销售额进行奖励，这部分奖励就属于绩效奖金。

从这个薪酬结构中，我们会发现：基本工资和履职津贴是对员工常规价值创造的激励，而绩效奖金则是对高价值创造者的激励。

通过对3个板块的权重和比例的设置，企业不仅可以实现薪酬设计的灵活使用，还能鼓励员工朝着自己所预期的方向努力。比如，公司适当调高履职津贴，可以鼓励员工更好地完成本职工作；而增加绩效奖金，则可以鼓励员工追求高价值、高绩效、高利润回报等。

当我们明确了“为价值创造者付薪”，尤其是“为高价值创造者付高薪”的理念时，我们实际上就将组织内的人员做了一定的区隔，即从某种意义上，将他们分为了高价值创造者和低价值创造者。

薪酬设计的目的实际上就是激活高价值创造者，让他们实现价值最大化；同时鼓励低价值创造者，让他们努力成为新的高价值创造者。

在这个过程中，我们想要达到的效果就是：**让优秀的人富起来，让懒惰的人慌起来，让观望的人动起来。**

所谓“优秀的人”，就是能为企业带来高价值的员工；“懒惰的人”，是指那些投机钻营、浑水摸鱼、将就躺平，无法正常完成自己履职任务的员工；而“观望的人”，是指那些驻足观望，没有将全部精力、能力用于工作，或准备跳槽的员工。

薪酬改革最好的效果，是让组织里那些真正有能力，可以为企业带来价值的人“吃到大蛋糕”，让他们笑逐颜开；而让那些懒惰的、观望的、驻足不前的人愁眉不展，甚至是号啕大哭。

试图在薪酬改革中让所有员工都笑起来是不可能的，让所有员工都开心的薪酬改革是无效的。薪酬改革要让那些藏在组织里的“蛀虫”受到应有的惩罚，让优秀的人才得到公平的待遇。

还有一种极为糟糕的薪酬改革，会让所有员工都欲哭无泪。这说明，企业在试图惩罚“蛀虫”的同时，波及了企业里大多数的价值创造者，甚至是极为优秀的高价值创造者。

薪酬改革的核心，是想办法区隔组织里的高价值创造者和低价值创造者，找到合理的激励手段，激励高价值创造者，刺激低价值创造者，让所有员工都行动起来，竭尽所能地为企业创造价值。

二板斧：

设计你的薪酬方案

你缺的不是人才，而是出人才的机制！

第四章

掌握“八字方针”，你的薪酬设计永远错不了！

在笔者和团队进驻之前，M公司在过去5年曾聘请过两家专业做薪酬设计的管理咨询公司，专门为其设计薪酬改革方案，然而并未取得积极的效果。尤其是在新冠疫情的冲击下，M公司的薪酬改革方案暴露出越来越多的问题，致使薪酬激励失效、成本负担加重、人力大量流失、薪酬管理混乱……

由于是从传统行业转型进入新能源行业，为了快速完成转型，M公司曾大批招募新能源领域的人才。这导致M公司出现一个问题：高薪聘请来的新员工，与留下来的老员工之间存在明显的“薪酬倒挂”。并且，由于业务发展，岗位增设，各个岗位之间的价值高低也不够明显，很难衡量，公司内部存在明显的薪酬不公现象。

为了解决这些问题，M公司聘请的第一家薪酬设计公司对M公司进行了岗位价值评估，组建了评估委员会，挑选了一批有代表性的岗位，利用海氏岗位价值评价法进行了岗位价值评估，并以此为基础，为M公司制订了以岗位为核心的薪酬设计方案。

表4-1 M公司岗位价值评估结果表（部分）

序号	岗位	价值评估内容													分值计算[1]
		知识技能			数值（A）	解决问题		数值（B）	责任性			数值（C）	岗位评价因素权重分配		
		沟通	专业技能	管理知识		思考挑战	思维环境		行动自由度	影响性质	影响范围		a（知识技能+解决问题）	b（责任性）	
1	战略部总监	3 改变行为	G 广泛精通的	5 宽泛型	920	5 原创式	H 抽象界定	76%	H 战略性指引	4 关键的	N 无法量化的	460	70%	30%	1271
2	研发部总监	3 改变行为	H 权威的	5 宽泛型	920	5 原创式	H 抽象界定	76%	H 战略性指引	C 间接贡献	（4）大的	800	30%	70%	1046
3	财务部总监	3 改变行为	G 广泛精通的	5 宽泛型	700	4 应变式	G 广义界定	60%	H 战略性指引	S 直接共享	（4）大的	920	30%	70%	980
4	人资部总监	3 改变行为	G 广泛精通的	5 宽泛型	700	5 原创式	G 广义界定	76%	H 战略性指引	4 关键的	N 无法量化的	460	50%	50%	846
5	运营经理	3 改变行为	G 广泛精通的	4 多样型	700	4 应变式	G 广义界定	60%	G 指引性的	S 直接共享	（3）中的	460	30%	70%	658
6	培训经理	2 说服	F 精通的	4 多样型	460	4 应变式	F 概况界定	55%	E 明确指导	4 关键的	N 无法量化的	132	60%	40%	481
7	高级工程师	2 说服	F 精通的	4 多样型	400	3 推理式	E 明确界定	35%	F 受方向指导的	3 重要的	N 无法量化的	132	70%	30%	418
8	产品经理	2 说服	G 广泛精通的	4 多样型	608	3 推理式	E 明确界定	35%	C 标准化的	S 直接共享	（4）大的	115	30%	70%	327
9	工程师	2 说服	E 专业的	3 相关型	264	4 应变式	E 明确界定	45%	F 受方向指导的	3 重要的	N 无法量化的	132	60%	40%	282

[1] 分值计算公式：A×a×（1+B）+b×C

续表

序号	岗位	价值评估内容													分值计算
		知识技能			数值（A）	解决问题		数值（B）	责任性			数值（C）	岗位评价因素权重分配		
		沟通	专业技能	管理知识		思考挑战	思维环境		行动自由度	影响性质	影响范围		a（知识技能+解决问题）	b（责任性）	
10	财务主管	2 说服	E 专业的	3 相关型	264	3 推理式	E 明确界定	35%	E 明确指导	3 重要的	N 无法量化的	87	60%	40%	249
11	成本会计	2 说服	D 高级的	3 相关型	200	2 定模式	D 标准化	25%	E 明确指导	3 重要的	N 无法量化的	100	70%	30%	205
12	运营专员	1 沟通	D 高级的	3 相关型	175	3 推理式	D 标准化	33%	D 受规范的	3 重要的	N 无法量化的	66	70%	30%	183
13	行政主管	2 说服	D 高级的	3 相关型	200	3 推理式	E 明确界定	33%	D 受规范的	2 适度的	N 无法量化的	43	50%	50%	155
14	招聘专员	1 沟通	D 高级的	2 明确型	152	3 推理式	D 标准化	29%	D 受规范的	3 重要的	N 无法量化的	57	70%	30%	154
15	采购专员	2 说服	D 高级的	2 明确型	152	2 定模式	C 半程序化	20%	C 标准化的	3 重要的	N 无法量化的	38	70%	30%	139
16	行政专员	1 沟通	C 常规的	1 作业型	76	2 定模式	C 半程序化	20%	C 标准化的	2 适度的	N 无法量化的	29	70%	30%	73
17	人事助理	1 沟通	C 常规的	1 作业型	76	1 重复式	B 程序化	12%	B 受控制的	2 适度的	N 无法量化的	19	70%	30%	65
18	工人	1 沟通	A 基础的	1 作业型	43	1 重复式	A 严格程序化	12%	B 受控制的	2 适度的	N 无法量化的	19	70%	30%	39

这样的想法原本是好的，从专业角度看也无可厚非。通过岗位价值评估，企业能有效衡量各岗位的价值。但是，由于价值评估的维度主要是岗位，对于价值的衡量过于单一，员工在能力、绩效方面的价值无法得到最好的展现，因此会导致员工的工作积极性遭受打击。

M公司聘请的第二家薪酬设计公司吸取了第一家薪酬设计公司的经验教训，在岗位价值评估的基础上进行了市场薪酬调研，并对企业的职序职级进行了划分，增加了薪级薪档的设计。

表4-2 M公司职级发展通道表

职级	职级代码	人力资源					风控		供应链	其他
		招聘	培训	绩效	组织发展	薪酬	财务	审计	生产	……
总经理级	11	总经理								
总监级	10	招聘资深总监	培训资深总监	绩效资深总监	组织发展资深总监	薪酬资深总监	财务资深总监	审计资深总监	生产资深总监	资深总监
	9	招聘高级总监	培训高级总监	绩效高级总监	组织发展高级总监	薪酬高级总监	财务高级总监	审计高级总监	生产高级总监	高级总监
	8	招聘总监	培训总监	绩效总监	组织发展总监	薪酬总监	财务总监	审计总监	生产总监	总监
经理级	7	招聘资深经理	培训资深经理	绩效资深经理	组织发展资深经理	薪酬资深经理	财务资深经理	审计资深经理	生产资深经理	资深经理
	6	招聘高级经理	培训高级经理	绩效高级经理	组织发展高级经理	薪酬高级经理	财务高级经理	审计高级经理	生产高级经理	高级经理
	5	招聘经理	培训经理	绩效经理	组织发展经理	薪酬经理	财务经理	审计经理	生产经理	经理
主管级	4	招聘高级主管	培训高级主管	绩效高级主管	组织发展高级主管	薪酬高级主管	财务高级主管	审计高级主管	生产高级主管	高级主管
	3	招聘主管	培训主管	绩效主管	组织发展主管	薪酬主管	财务主管	审计主管	生产主管	主管
专员级	2	招聘高级专员	培训高级专员	绩效高级专员	组织发展高级专员	薪酬高级专员	财务高级专员	审计高级专员	高级普工	高级专员
	1	招聘专员	培训专员	绩效专员	组织发展专员	薪酬专员	财务专员	审计专员	普工	专员

然而，这家薪酬设计公司存在一个极为明显的错误，那就是错误地把市场分位值当作薪酬中点值，并对所有职序和职级的岗位都设置了相同的固浮比结构，最终导致研究人员、销售人员、生产人员和管理人员的薪酬结构几乎全都脱离企业战略，失去了薪酬的激励性，甚至起到了反效果。

这两次薪酬变革的失利，不仅给M公司的老板造成很大的心理负担，也给企业的发展造成了冲击，尤其是薪酬问题导致大批人才流失，给企业造成了不可逆的伤害。加之新冠疫情的冲击，企业各方面都受到了前所未有的冲击，企业效益持续下滑。

事实上，M公司的老板非常关注薪酬问题，也非常重视薪酬的价值。但是，在两次薪酬变革中，因为缺乏对薪酬本质的基本理解，而且未来发展的方向不十分明确，最终导致企业的薪酬变革一直被外部的薪酬设计公司“牵着鼻子走”。老板不知道企业薪酬变革的战略走向，因此无法及时表达自己对未来发展方向以及战略支持的需求，也没有发现企业改革中的诸多问题，致使企业在改革中埋下了无数个“定时炸弹”。

为了帮助企业老板和管理者更好地理解薪酬设计的效果和影响，这些年来，笔者和团队通过分析大量的实践案例，最后总结出了薪酬设计的“八字方针”。

所谓八字方针，由“上、下、内、外、远、近、动、静”八个字组成，它们分别指“上联战略，下接策略，对内公平，对外吸引，远能发展，近能激励，动可挑战，静有保障”，这也是薪酬设计最为重要的八种效果。

这八个字，或许不是薪酬设计的万能钥匙，却有着神奇的魔力，可以有效评估企业的薪酬方案，能帮助企业搬走薪酬设计道路上的绊脚石。

01 上联战略

对于一家公司而言，如何“夸大”战略的价值都不为过。在薪酬设计中，战略是我们的思考原点。**任何薪酬方案的制订，都必须以支撑战略的落地为目标。**

企业的一切都应该服务于自己的战略，尤其是薪酬设计，因为为员工付薪就是为了企业战略的落地。当初，M公司决定从传统行业转型，想要在新能源行业实现“弯道超车”，不惜花重金从社会中招聘尖端的研发型人才，这一点与企业战略转型是契合的。

但是，与传统行业相匹配的薪酬方案却没有跟上企业战略转型的步伐，因而造成企业内部“一家企业，多套薪酬方案”，公司价值评判标准混乱，出现大量“薪酬倒挂”现象，致使大量优秀老员工、支柱型员工有情绪、不作为，甚至离开公司。

这就是典型的薪酬设计背离企业战略，无法支撑企业的发展。因此，我们在设计薪酬方案时，首先要思考的问题就是：**这套薪酬设计方案，是否源自企业战略，是否有益于企业战略的落地？**

关于企业战略方面的内容，本书的第一部分已经做了比较详细的介绍。在这里，笔者想强调的是：**企业在进行薪酬设计前，要有明确的、清晰的战略规划。**

同时，由于每个公司的战略不同，在薪酬设计上也会有很大的差异。因此，任何一套薪酬设计方案都不能简单地生搬硬套，必须根据企业的战略业务场景和运营模式进行相应的配套处理。尤其是当企业战略发生调整和变动时，企业的薪酬体系也需要进行同步的改变。

M公司虽然对企业战略进行了方向探索和详细论证，但忽视了薪酬体系的同步，导致薪酬设计与企业战略失联，无法助力企业实现战略目标。

薪酬设计是一项战略性、系统性、动态性的工程，需要企业根据自身战略及发展的实际情况进行适当的调整。**一成不变的薪酬方案会把企业带向死胡同，与企业战略无关的薪酬方案，更会让企业陷入死局。**

在进行薪酬设计前，企业要明确自身战略目标和规划，搞清楚企业的战略方向，以及哪些因素对企业最重要，哪些次之。根据重要程度，对战略进行排序，然后以此作为薪酬设计的基础。

因此，企业在进行薪酬设计前，往往需要明确企业战略，制订企业的“一司一图”，即企业的“战略解码”。所谓战略解码，就是将企业较为抽象的、笼统的、概念性的战略，变成具体、可执行的目标，形成企业的战略地图（见图4-1）。

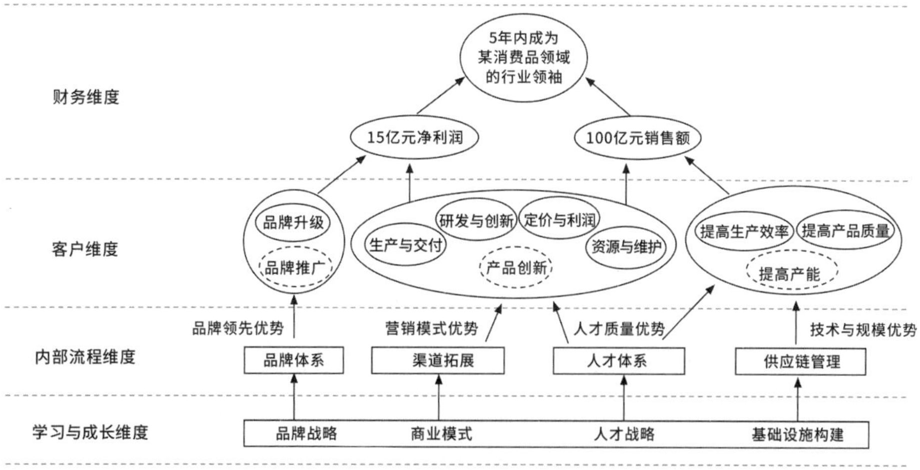

图4-1　企业的战略地图

绘制战略地图最常用的工具就是平衡计分卡（Balanced Score Card，简称BSC），它是一种从财务、客户、内部流程、学习与成长四个维度把企业战略落实为可操作的衡量指标和目标值的绩效管理方法。

平衡计分卡通过财务、客户、内部流程、学习与成长四个维度，将企业抽象的战略进行明确的归纳，并形成一个个清晰的绩效目标。（见表4-3）

表4-3　平衡计分卡的四个维度

四大维度	关键量度指标	量度类型	指标量化
财务	100亿元销售额	销售额	翻5倍
	15亿元净利润	净利润	增长3倍
客户	产品与服务	产品单价	提升30%
	生产与交付	产量	提升100%
	研发与创新	新品	增加400%
	资源与维护	客户量	增加200%
内部流程	渠道拓展	新渠道	新增3类行业渠道
	人才体系	研发人才	新增50%
	供应链管理	技术规范	行业标准制订者
学习与成长	品牌战略	品牌认知	品牌理念重塑
	商业模式	商业模式创新度	商业模式创新
	人才战略	人才质量	人才供应链
	基础设施构建	业务系统	智能化生产系统

第一个维度：财务。财务维度反映的是企业战略中对经营业绩有影响的指标，比如常见的主营业务收入、资本回报率、经济增加值、销售额提高率、现金流、利润率、内部费用、市场价值等，其中最关键的是销售额与净利润。财务目标是实施企业战略的首要目标，是企业生存与发展壮大的基石。M公司的财务目标很清晰，就是销售额和净利润，这也是大多数企业的“标配”。

第二个维度：客户。客户维度重点关注企业与客户、市场的联结点。

企业与客户的联结程度很大程度上决定着企业在财务维度的状况，关乎企业的生死存亡。客户维度涵盖4个方面的联结：产品与服务、生产与交付、研发与创新、资源与维护。通常情况下，平衡计分卡中关于客户维度的量度指标都可以围绕这4个方面进行建构。

“产品与服务”指标是指企业为客户提供的产品和服务情况，一般涉及产品和服务的功能、质量、价格等，服务和产品升级可以通过价格来体现。

“生产与交付”指标是指生产供应的反应速度和产量的保障，以及企业与客户在售前、售中、售后过程中的交付服务情况，通过客户服务满意度、客户投诉情况等指标来体现。

“研发与创新”指标是指企业能给客户带来什么新产品、新服务，满足客户的新需求，从而为企业带来业绩增长。

“资源与维护”指标反映两方面内容，一是客户资源，比如老客户保有量、新客户增加量、现有客户量等指标；二是品牌的维护，可以是品牌的构建与升级、市场口碑美誉度等。

第三个维度：内部流程。为了满足客户的需求，维系与客户的良好关系，企业的内部流程必须得到良好的保障。没有良好的内部流程，企业就无法在客户层面取得成功。

比如，企业想要实现客户层面的“产品与服务”指标，就需要有内部流程的质检体系、生产调控体系、业务流程体系等作为支撑。

企业的内部流程是由企业实际的生产、经营和管理流程所决定的。对于生产型组织来说，最常用的内部流程指标可以按照生产的业务流程进行划分，分为质量、生产率、设备准备和安全性等。

对于较为普遍的职能型组织来说，内部流程指标的划分方式和类型很多，比如可以按企业的内部沟通和管理流程进行划分。企业可以根据自身情况进行调整，比如某企业根据自身情况，将内部流程维度的指标划分为渠道拓展、人才体系、供应链管理等。

第四个维度：学习与成长。对于企业来说，所有的价值创造都是由各个岗位上的员工来实现的。无论是财务目标、客户目标，还是内部流程目标，都需要员工来承载和达成。因此，企业要想实现业务的提升，就必须相应地提高员工的个人能力，也就需要关注员工的个人成长。学习与成长维度的指标包括人力、系统和组织等。

“人力”方面的指标，可以是员工的技能、专业度、士气、状态、满意度、稳定性等。

“系统”方面的指标，可以是企业的信息畅通情况，比如是否建立了良好的沟通机制。

“组织”方面的指标，可以涵盖培训机制、经验总结与分享、人员适应性等内容。

通过归纳以上三个方面的指标，就能形成企业在学习与成长维度的具体指标。比如，我们为M公司归纳和提炼的“学习与成长”维度的指标，包括品牌认知、商业模式创新度、人才质量、业务系统，还特别增加了人才梯队建设和人才储备计划。

结合平衡计分卡四个维度的指标，企业就能绘制出较为清晰的“一司一图”，对企业战略进行明确的解码。事实上，我们对M公司的企业战略并未作过多的调整，一方面是因为其原来的战略足够清晰，另一方面是因为企业战略是用来实施的，不可随意改变，企业战略既定，用资源来匹配即可。

以平衡计分卡四个维度的指标，梳理企业的组织架构与岗位编制，再自上而下，层层将各指标分解到各部门各岗位，然后对各岗位进行岗位价值评估，评出职级，核算出薪级与薪档，每个岗位的薪级与薪档都来自岗位价值评估，而对岗位价值的评估，又来自企业的战略目标，具体的操作方法在后面的章节中将会详细介绍。

如此，企业设计出的薪酬方案就有了明确的方向性指导，真正落实了“上联战略”，不会出现企业战略是企业战略，薪酬方案是薪酬方案，两者相互分离的情况，以保证我们的薪酬设计为企业战略服务，能够持续支撑企业的发展。

02 下接策略

一个企业的战略能否成功，不仅取决于战略的好坏，更取决于它有没有被有效地落地和执行。

M公司两次薪酬变革失败的背后，最显著的就是薪酬策略出现了严重的问题。第一家薪酬设计公司的方案虽然进行了岗位价值评估，在组织内建立了有效的岗位价值体系，却忽略了能力和绩效的价值，没有控制好岗位薪酬与绩效奖金的关系，导致薪酬结果不合理，最终非但没能解决“薪酬倒挂”的问题，反而使得企业内部怨声载道，工作效率大打折扣。

如表4-4所示，第二家薪酬设计公司的方案虽然增加了象征能力和绩效的薪档及浮动薪酬，但是，将所有职序职级的固浮比都定为同一水平，导致职序之间的薪酬结构失衡，职级之间的薪酬结构混乱。其结果是：下级员工背负的责任和上级一样大，对销售人员的激励方式和职能人员、研发人员几乎相同。这种薪酬策略的激励效果，可想而知。

表4-4　M公司职级薪酬表

职级	职级代码	固定薪酬最小值（元）	固定薪酬（25分位）（元）	固定薪酬中位值（市场75分位）（元）	固定薪酬（75分位）（元）	固定薪酬最大值（元）	级差	幅宽	年度固定月薪（/月工资）	年度目标奖金（/月工资）		固浮比
										管理序列	技术序列	
总经理级	11	44310	53805	63500	73795	83290	10%	88%	12	8	6	67% vs 33%
总监级	10	40390	49045	57900	66355	75010	9%	86%	12	8	6	67% vs 33%
	9	37520	45560	53300	61640	69680	29%	86%	12	5	3	80% vs 20%
	8	30300	35550	41200	47450	54900	44%	81%	12	5	3	80% vs 20%

续表

职级	职级代码	固定薪酬最小值（元）	固定薪酬（25分位）（元）	固定薪酬中位值（市场75分位）（元）	固定薪酬（75分位）（元）	固定薪酬最大值（元）	级差	幅宽	年度固定月薪（/月工资）	年度目标奖金（/月工资）		固浮比
										管理序列	技术序列	
经理级	7	21090	24385	28700	32005	37310	35%	77%	12	5	3	80% vs 20%
	6	16000	18550	21200	25450	28900	45%	81%	12	—	3	80% vs 20%
	5	9940	12070	14600	16330	18460	27%	86%	12	—	3	80% vs 20%
主管级	4	7980	9690	11500	13110	14820	55%	86%	12	—	3	80% vs 20%
	3	5180	6290	7400	8510	9620	28%	86%	12	—	3	80% vs 20%
专员级	2	4800	5300	5800	6500	7200	29%	50%	12	—	1	92% vs 8%
	1	3600	4000	4500	5000	5500	—	53%	12	—	1	92% vs 8%

同时，在薪酬水平方面，第二家薪酬设计公司将市场的75分位薪酬水平当作所有岗位的固定薪酬中点值，不仅错用了分位值的数据，误导了企业的薪酬策略，还在无形之中增加了企业的薪酬成本，给企业造成了严重的薪酬负担。而且，这种薪酬设计方式还存在更严重的问题，就是设计者没有区分企业的核心人才和一般员工，没有区分高价值创造者和普通员工，对所有员工都进行了“普适性”的激励。这带来的后果就是，**所有员工都受到激励，等于所有员工都没有受到激励。**因为激励充满个性化，而非普适性的。换句话说，激励大多数时候是一种“偏爱”，而非一种“博爱”。

因此，薪酬设计最重要的问题就是：**薪酬要发给正确的人。**那么，什么样的人才是“正确的人”呢？那就是可以为企业创造高价值、带来价值回报的人，他们往往是薪酬激励的重点与关键。如果你的薪酬设计方案没有遵守这一原则，很可能已经将薪酬发错了人。

针对这一问题，我们可以通过岗位价值评估、能力素质评估、绩效考核评估等一系列手段，来梳理企业的内部岗位和人才，确定我们的需求和员工的能力，寻找契合点和匹配度，从而找到我们真正需要激励的对象。关于这一点，接下来的章节将会做进一步的介绍。

如果发钱的方法不对，就说明薪酬策略不当，手段出现了问题。针对这一问题，我们需要完善薪酬体系，形成企业自身的薪酬策略。企业常见的薪酬策略有两类：薪酬水平策略和薪酬结构策略。

薪酬水平策略

薪酬水平是指企业内部发放给各岗位员工的具体薪酬数额。薪酬水平策略，就是针对薪酬水平制订的一系列策略。决定企业薪酬水平策略的因素有两个：一个是内部条件，包括企业的经营状况、支付能力等；另一个是外部条件，包括市场薪酬水平、分位情况，主要竞争对手的情况和当地的薪酬水平等。

对于企业来说，薪酬水平越高，越能吸引到优秀人才，越能激发内部员工的工作热情，让他们更加卖力地工作。反之，薪酬水平越低，对人才的吸引力越弱，内部员工的工作动力也会越弱。根据企业的薪酬水平与市场薪酬水平的对比，企业的薪酬水平策略可以分为四类：领先型策略、跟随型策略、滞后型策略和混合型策略。

领先型策略，通常适用于一些规模较大、人效较高的公司。这类公司规模大、实力强、利润高、资金充足，往往是行业薪酬水平的“天花板”和“游戏规则”的制订者。他们要么依靠庞大的组织规模、高效的管理和生产效率降低人工成本，提升人工效能；要么在产品上有绝对的竞争优势，甚至有行业垄断的情况，薪酬的波动对他们影响甚微。

这样的企业在选择人才时，往往不惜重金。为了吸引优秀人才，并将他们留在公司，这些企业设计的薪酬会高出市场薪酬水平：高于50分位是常态，75分位也不少见，甚至有一部分会超过90分位。

分位是一个统计学概念，描述的是随机变量的概率分布情况。简单来说，就是一个数在一系列按顺序排列的数中的位置。比如，人才市场上为某一类人才提供的薪酬，100家公司开了100种价格。把这100种价格由低到高排列，25分位就是排在第25位的价格。当然，人才市场上不可能正好有100家公司，你的薪酬也不可能恰巧就在第25的位置上。分位只能描述大概的区间范围。

上文提到的高出市场薪酬水平——高于50分位是常态，在75分位之上的也不少见，甚至有一部分会超过90分位，这样的薪酬水平，足以吸引所有求职者的目光，这也是大企业总能聚集优秀人才的原因。但是，“高薪”往往意味着“高价值、高回报”，所以这些企业的员工的工作业绩往往也要高于行业的平均水平。华为、阿里巴巴、腾讯公司深夜灯火通明的办公楼，就是最好的例子。

薪酬调查的数据显示，M公司的薪酬策略事实上已经是领先型策略，高于75分位，甚至更高。但遗憾的是，整个薪酬体系出现了问题，并未产生预期的效果。

对于大多数企业来说，跟随型策略或许是个好选择。把薪酬维持在50分位左右的中等水准，既不会过多地增加企业的成本负担，又能吸引到大部分求职者的目光。

对于中小型企业来说，由于需要关注企业的经营成本、自身发展阶段以及市场竞争等诸多现实因素，在薪酬设计时，处理好薪酬投入的成本与岗位价值收益的关系尤为关键，跟随型策略是一个不错的选择。

不过，跟随型策略是一种相对被动的策略，受竞争对手的影响很大，需要及时了解人才市场的薪酬水平。所以，目光需要紧盯市场风向，特别是核心骨干员工的薪酬，如果竞争者上调了薪酬，你可能也需要跟着加薪。否则，你的薪酬水平不仅在人才市场的竞争力会下降，甚至连企业内部的优秀员工也会心有所动。

滞后型策略是指薪酬水平处于50分位以下，低于市场标准的薪酬策略。它常常出现在一些特殊企业，或者一般企业的特殊时期。通常来说，这种薪酬策略，不仅在招人上有大问题，就连能不能留住优秀员工也存在疑问。毕竟，低薪酬是很难吸引到高价值人才的。

当然，这种策略也并非一无是处。那些效率低、利润低、成本承受力偏弱的企业，有的无力支付高薪酬，有的没有支付高薪酬的意愿。它们对员工的要求也没有那么高，这种策略就成了它们最好的选择。这样的企业常常出现在企业衰退期或某些传统行业中。

滞后型策略还适用于一些竞争压力小的企业。它们往往在同行业、同地区缺少强力的竞争对手，对高价值人才的渴求也不强烈，采用这种策略，倒也不失为权宜之计。不过，一旦竞争对手出现，它们就不得不转变策略，否则很容易在竞争中落败。

一些劳动密集型产业，对劳动者的素质要求不高，人才市场上供大于求，滞后型薪酬同样适用。除此以外，很多初创公司也会采用滞后型策略，配合远期激励，允诺员工更多的培训机会、更大的成长空间以及参与决策的权力等，仍然具备一定的吸引力。

单一的薪酬水平策略，往往会在企业内部造成“一刀切”的后果，使得薪酬对岗位的战略价值定位出现偏差，甚至失去作用。M公司的第二次薪酬变革就误入了“一刀切”这个雷区，导致激励失效，出现成本高、人效低等薪酬问题。很多企业意识到了这些问题，于是在公司里实行“混合型策略”，根据岗位的类型或者员工的类型，并结合外部人才市场的情况，分别制订薪酬水平策略。

这样做最大的优点就是，既灵活又有针对性。企业可以依据发展战略和职位规划，给每一类岗位制订不同的薪酬水平策略。

比如，对于劳动力市场上的稀缺人才、某些关键岗位，或者企业希望长期培养和留住的人员，可以采取领先型策略；对于供过于求，或是鼓励流动的一般职位，采取跟随型策略，甚至是滞后型策略，这样既可以保持竞争力，又可以合理控制成本。

此外，对企业薪酬构成中的不同组成部分，可以采取不同的策略，以便公司传递自己的价值观，实现自己的经营目标。

比如，我们为M公司设计的薪酬方案，就是公司总体薪酬方案实行跟随型策略；但在固定薪酬方面，采用稍微低一点的滞后型策略；而在绩效薪酬上，则采用高于市场水平的领先型策略。这样做的目的显而易见：利用绩效薪酬的激励性，提高员工的工作积极性，让员工去创造更好的业绩，促使企业内部的员工向高绩效类型转变。

这既是以M公司企业文化“价值创造为本”为出发点提炼的“为价值创造者付薪”的付薪理念，也符合“上联战略，下接策略”的原则方针。

反之，我们也在一些公司采用过在固定薪酬上实行领先型策略，而在绩效薪酬上采用滞后型策略的方案，这样做是为了强化薪酬的保障性，对员工的爆发式创造力和挑战欲的激励性和挑战性则会大幅降低，但对那些技术研发和持续输出创新创意的员工非常有意义。

薪酬结构策略

除了薪酬水平策略，薪酬结构策略也是企业老板和管理者要搞清楚的问题。薪酬结构策略，是指企业的薪酬由哪些部分构成，它们之间的关系以及占比各是多少。

常见的薪酬结构是固定薪酬加浮动薪酬。薪酬结构策略就是对固定薪酬和浮动薪酬两大部分进行调整，以匹配企业的发展战略，产生不同的激励效果。

一般而言，薪酬结构策略分为三类：弹性模式、稳定模式和折中模式。

弹性模式，上不限高，下不限低，弹性强。一般而言，它的固定薪酬占比在40%以下，浮动薪酬占比在60%以上。

这种模式，通常与业绩紧密关联，强调“看业绩吃饭”。业绩好，浮动工资高，总薪酬也高；一旦业绩下滑，浮动工资下降，总薪酬也随之减少。比如销售、总经理、业务高管等与业务关联度高的岗位的固定工资占比一般很低，但是与绩效挂钩的薪酬往往很高。

弹性薪酬的激励性很强，能激发员工的工作积极性和挑战的欲望，甚至可以改变员工的行为和习惯。

例如，2001年前后，阿里巴巴遭遇了前所未有的危机，险些倒闭。关键时刻，销售管理团队想出一套“金银铜牌”薪酬制度。该制度规定，将销售人员按照业绩高低分为4个等级，分别为金牌、银牌、铜牌和不锈钢牌。每个等级的提成比例不同，金牌销售人员的提成可以达到15%，不锈钢牌销售人员没有提成，只能拿到基本工资。更刺激的是，上个月的业绩决定下个月的提成标准。

这就是典型的弹性模式。它的固定薪酬很低，浮动薪酬却极高。不锈钢牌销售人员一个月只能拿到一两千块钱，金牌销售人员却可以拿到两三万甚至更高。这样的差别，没有人会视而不见。

有很多企业对弹性模式的固浮比有一个理解误区，就是过度关注固定薪酬与浮动薪酬机械的比值，仅关注比值是很难发挥弹性模式的激励效果的，有时还会适得其反，阿里巴巴“中供铁军”的“金银铜牌”薪酬制度，就是弹性模式薪酬设计策略中一个教科书式的经典案例。

在“高绩效薪酬”的吸引下，员工为了赚更多的钱，顶风冒雨也要坚持工作，这就是弹性薪酬的激励效果。不过，这种情况只会在极端情况下出现。阿里巴巴当时九死一生，通过这种模式才缓过劲儿来。

弹性模式下的员工，就像提心吊胆的士兵，他们倍感压力，缺乏安全感。对他们而言，公司更像拼搏的战场，没有一点儿“家的温馨”。在这种环境下，公司要么打造出一支强如“中供铁军”的团队，要么进入固浮比薪酬设计策略的误区，陷入不断有员工递交辞职信，接连离开的困境。

稳定模式，下限相对高，上限相对低，浮动不大。它的固定薪酬占比通常在60%以上，浮动薪酬占比在40%以下。

稳定模式中，固定薪酬成为主要部分。采用这种模式的结果是，员工的薪酬与业绩关联度不强，业绩对薪酬的影响很小。

如果将这种模式用在销售这种以业绩为主的员工身上，显然是不合适的。稳定模式通常适用于行政、财务、人力资源等以职能为主的支持型员工，为他们提供充分的安全感和保障性，让他们可以安心做手里的工作，而不必提心吊胆。

稳定模式的优点是，可以给予员工安全感和信任感，提升员工的保障性，让他们更忠诚于公司。但是，它的激励性不强，难以激发员工的爆发式创造力和挑战欲，甚至还会影响他们的工作热情和工作态度。

现实中，有些企业采取稳定模式，将浮动薪酬调得很低，甚至接近0。这样的薪酬设计往往会打击员工的工作热情。没有浮动薪酬的激励，员工会想：干多干少都是那点工资，我为什么要努力工作呢？

长此以往，员工会滋生懒惰心理。如果公司里大多数岗位都是如此，那么事不关己、人浮于事的问题就会越来越严重。

M公司以前的薪酬方案，名义上有固浮比，可没有与浮动薪酬相匹配的考核发放标准与机制，且执行时还过于形式化，因而无法落地导致浮动薪酬形同虚设，名义上的固浮比就变成实际上的固定薪酬了。

折中模式，固定薪酬和浮动薪酬各占一半，是弹性模式和稳定模式的结合。

折中模式一般适用于一些经营较为稳定的企业，或者业绩与岗位并重的职务，比如研发、生产等业务岗位。它是弹性模式和稳定模式的缓冲，兼具两者的优点，在保证员工工作积极性的同时，又能给予员工安全感。但是，它的激励性不及弹性模式，保障性不及稳定模式。

战略是对未来方向的把握，策略是对当下机会的争取。对于薪酬设

计而言，战略是我们的出发点，策略则是我们的着力点。在进行薪酬设计时，只有保证从战略高度出发，我们的薪酬方案才不会走偏走错；只有保证策略上的正确性，我们的薪酬方案才能真正发挥作用，创造价值，实现企业战略，帮助企业发展。这正是薪酬设计的顶层思维。

03

对内公平

在笔者进驻M公司为其提供薪酬变革服务之前，M公司内部长期处于一种紧张状态。管理层与员工之间、员工与员工之间的关系非常紧张，就像一根时刻紧绷的弦一样，稍不注意就会断。

并且，由于组织内出现了较为严重的“薪酬倒挂”现象，以及价值分配不均导致的“劣币驱逐良币”现象，组织内人才大量流失，尤其是那些在初创期一起打拼的老员工的离开，让M公司的老板极为痛心。

在后续的调查了解中，我们发现，这些员工之所以做出如此选择，并不是单纯因为企业给的工资低，或者企业待遇有所下降，而是因为感到自己创造的价值没有受到企业的重视，没有获得相应的回报和尊重，他们内心产生了严重的“不公平感”。

出现这种情况，说明M公司在薪酬设计上，违背了非常重要的“公平原则”。**所谓公平原则，是指员工的收入应该与其付出成正比。**

员工在工作中，最关注的问题就是自己的付出与收益问题。通常，员工会考虑自己的产出与回报之间的关系。当产出与回报失衡时，内心就会出现“不公平感”。

一般来说，影响投入产出比的因素有以下3个。

第一个是收入的绝对值，也就是企业到底愿意支付给员工多少工资。这是一个硬性指标，每个员工都有自己的薪酬绝对值，也就是他的“薪酬门槛”。薪酬门槛的高低，很大程度上会影响他们内心是否会产生“公平感”。

比如，一个刚刚毕业的大学生，他的工资可能只有5000元/月；但是，一个干了5年的员工，他的工资肯定不止这些，如果你只给他毕业生的待遇，那么他肯定会产生强烈的不满和抗拒。

如果员工的薪酬门槛过低，不公平的感觉就会在他的心中萌生。虽然他的付出很可能并不值这个报酬，但是他并不这么认为。**在潜意识中，每个人都会放大自己的作用和价值。**在他们看来，你没有给他们“合理”的薪酬，就是对他们的作用的忽视，对他们的价值的不认可，是对他们最大的“不公平”。

第二个是员工的期望值，也就是员工希望在这份工作中获得的薪酬收入。就像企业对自己的发展充满期待一样，员工也对自己的薪酬充满期待。他们希望自己的付出与收获对等，希望自己的价值能通过薪酬的形式得到准确的衡量，这是对他们最大的认可。期望值达到了，员工就会产生“公平感”。

不过，需要注意的是，由于员工对自己的期望往往高于现实，所以不能一味满足他们的薪酬需求，否则很可能出现“高薪低能”的情况。正确的做法是，在满足岗位、能力和绩效的相关要求下，按照价值创造的程度，去满足员工的薪酬期待。

第三个是员工的认同感。这一点很微妙，同时也很重要。员工的认同感，一般来自他们对企业、部门、岗位、工作的认可程度，这种认可程度会影响他对公平的感知。

比如，一个主管对自己的职位很满意，对企业也很有认同感，即便收入稍微低一点，或多干点活儿，也不会有不公平的感觉，不会抱怨不休。如果他没有认同感，老板支付给他再多的工资，他也会觉得不公平，也会抱怨不休。

除了这些因素，员工还会将薪酬作比较。其一，他们会和自己比，看自己薪酬的过往涨幅，以及未来的发展；其二，他们会和同事比，和其他企业的人比。

比较的结果，也会让他们心生“公平感”或“不公平感”。“公平感”是员工的一种主观想法，很多时候都是员工自己“脑补”出来的，而企业必须给员工提供“脑补”的资源，否则，其“脑补”的结果就会不受企业控制。笔者称之为员工的期望值管理。在薪酬设计中，我们尤其要注意薪酬的期望值管理机制。

我们给员工提供的“脑补”资源，就是确定明确的付薪理念，设计完善的薪酬体系以及制订妥善的薪酬管理制度，通过制度来体现公司的薪酬公平。同时，利用岗位价值评估、能力素质评估、绩效考核等一系列可衡量的办法，来准确计算员工的价值，为员工内心的“公平感”找到一个可衡量的支点。

04 对外吸引

薪酬设计不仅要注重企业内部的公平，还要关注对外的吸引力。当前这个时代，人才对企业发展的影响越来越大，能不能吸引到优秀人才，组建一支优秀的团队，往往是决定企业成败的关键。

M公司在转型之初，希望快速入轨，实现弯道超车，因此不惜重金从外部招聘新能源方面的研发人才，并用75分位、90分位薪酬水平在行业内挖人。75分位、90分位在市场上属于领先的薪酬水平，几乎可以战胜绝大多数的竞争者。因此，M公司在短期内就招募了一大批新能源方面的研发人才。这就是薪酬的对外吸引力。

一般来说，薪酬对外吸引力的强弱，往往取决于企业薪酬的水平，这是企业吸引并留住人才的重要因素之一。薪酬水平高，支付的工资多，吸引力就强，就能吸引更多更优秀的人才加入。反之，薪酬水平低，支付的工资少，自然无法吸引到优秀的人才。

不过，薪酬水平也不是越高越好。**薪酬的关键不在于多少，而在于怎么发。**在薪酬水平的设计上一味追求“高大上”，结果只会导致企业陷入“内卷死循环”，影响薪酬成本。制订薪酬水平战略时，企业往往需要分析外部市场环境、竞争对手的情况，结合企业自身的发展战略、企业状况、薪酬成本等因素，进行综合考虑。

想要有效吸引优秀的人才，让薪酬保持强劲的“诱惑力”，就需要对岗位进行价值评估，精准地抓住企业的核心岗位，找到企业需要的核心人

才，摸准这些核心人才的核心诉求。然后围绕这些核心点，从薪酬设计策略的角度，做好薪酬水平和薪酬结构的设计，吸引优秀人才；而对于非核心岗位，只需要与市场相对应的薪酬水平和薪酬结构尽量保持一致，以保持薪酬的弹性和节约成本。

除了在薪酬策略上下功夫，企业还可以推行全面薪酬制度，用全面薪酬的思维包装自己，利用企业品牌、老板形象、工作环境、福利待遇等各种企业独有的优势，来吸引人才的注意力，整合起来就叫"雇主品牌"。为企业设计薪酬方案，首先必须为企业打造"雇主品牌"。这就如企业的产品或服务品牌建设一样，也是需要通过专业的锤炼后再建设的。

比如，一些互联网企业会在招聘信息中写明"无限零食畅享""下午茶喝到饱""员工全都是'90后'，无代沟、无等级差别，交流简单方便无障碍""领导90后，氛围轻松，上班时间自由"等，类似的"福利"对一部分"90后""00后"员工来说是很有吸引力的。

05 远能发展

很多员工不仅注重企业的短期激励，同样也关注自己在企业的长远发展。因此，企业的薪酬设计能否满足员工的长远发展需求，也是一个极为重要的问题。

2019年前后，M公司在经历两次薪酬变革之后，形成了自己的薪酬体系。在这套薪酬体系中，M公司大量压缩了过往的薪级，同时增加了每一层级的薪档。

这样的设计，原本对于M公司来说是正确的，但是这套薪酬体系有两个明显的问题：第一，公司的组织架构和岗位体系并没有变化，组织内部存在着大量的岗位层级，单方面压缩薪级，非但没有解决企业的问题，反而让大量岗位积压在同一薪级，员工丧失了“向上爬”的动力；第二，每一层级的薪档数量较少，档差过大，导致员工想要在专业领域（薪档）上提升的难度较大、速度较慢、周期较长。

因此，薪级和薪档数量的不足，限制了M公司员工的持续晋升和专业提升，短时间内，员工往往无法获得自己所期望的职业发展。这也是不少员工离开公司的重要原因。

谷歌创始人拉里·佩奇在回答“谁是谷歌最大的竞争对手”时，给出了令人出乎意料的答案：美国航天局。

拉里·佩奇说：“我不担心其他公司来抢我的人。我担心航天局，他们给的工资很低，只有我的1/5，可是我还是抢不过他们。

“谷歌为员工描绘了很好的梦想。可是，这还是远远比不过航天局的梦想。他们面向整个宇宙，他们的梦想是星辰大海，这是我没有的。”

实际上，这个事例提醒我们，员工在意的不是只有眼前的“钱多钱少”，他们也同样关注自己在企业里的职业规划、未来发展和人生目标。因此，在设计薪酬时，企业需要考虑员工的长远发展规划，通过薪酬的方式允诺他们实现自我价值。

许多企业之所以让员工感到“发展无望”，往往是因为企业将员工发展的机会变成了“独木桥”。比如，在传统薪酬方案中，员工的薪酬和职业发展都和职位等级挂钩。职位等级决定着一切，想加薪，想要发展，员工就必须升职，拼命“往上爬”。

这导致的后果是，所有员工都往一个位置挤。结果，老一辈的“功臣”总是居高位，享厚禄；而新一辈的“功臣”只能从基层爬起，被老员工压着。新员工看不到出头之日，就会跳槽离开，这必然给企业带来损失。

好的薪酬设计，应该给员工提供更多的发展可能，创造更好的发展机会，让员工实现“营优则管”“技优则专”的发展规划，获得多元的发展通道。其中，最好的做法就是在传统薪酬的基础上，拓宽薪酬的带宽，实行“宽带薪酬”，破除“升职与加薪”的绑定关系，让员工“加薪不必升职”，而是通过能力的提升、绩效的增长来获得更好的发展前景。

我们为M公司设计的宽带薪酬，规划了各个层级的发展晋升路径，以确保激励频次与发展规划协同，发挥最大的激励效能。

当然，发展问题是一个双向问题。企业要给予员工发展的可能，员工也要为企业的发展创造价值。

在进行薪酬设计时，企业需要为员工的发展提供更多的通道选择，创造更多的发展机会。但同时，企业也要明白，员工的发展机会和他们的付出、创造的价值和对企业的贡献是成正比的。员工想要获得发展，就需要付出相应的努力。

在这个问题上，企业往往需要思考：员工能不能促进企业的发展？他们能为企业带来何种价值？

06

近能激励

薪酬设计最直接的目的就是激励员工，激发员工的人效，提高员工的工作效率，让员工为企业创造更多的价值。因此，**是否具备激励性，是判断薪酬方案是否有效的重要标准。**

当初，M公司在听取第二家薪酬设计公司的意见后，实行了“基本工资+绩效奖金”的薪酬设计方案，他们的设想是通过“绩效奖金”来有效地激励员工。然而，他们犯了一个错，那就是将员工的很大一部分奖金拿出来，不加区分地设置成年终奖，到了年尾再进行发放。

这导致的后果是，销售人员在本月就完成了工作任务和绩效指标，但是要到年底才能拿到销售奖金；研发人员在6月初就完成了研发项目，但是研发奖金到年底才发放。这不仅违背了“即时满足”的人性，导致薪酬的激励效果消失，而且由于奖金发放时间拖到年底，短期内没有薪酬激励，员工的工作积极性降低，工作效率反倒没有以前高了。

在新冠疫情的冲击下，2020年，M公司效益下滑，很多员工没有拿到年终奖，薪酬激励的作用彻底消失，最终导致2021年开春时员工成批次递交辞呈。这就是薪酬激励丧失给企业带来的恶果。

通常来说，**行之有效的薪酬激励，往往有两个特点：一个是激励的即时性；另一个是满足员工的需求。**

所谓激励的即时性，就是指企业在进行薪酬激励时，需要根据员工的职位等级和责任重要程度，给予相应的即时性激励。

比如，企业高管的责任大，牵涉的事件比较复杂，往往需要一定的时间来观察效果，所以企业可以半年或一年为一个激励周期；而中层管理人员的责任相对较小，可以一个季度或半年为周期进行激励；基层员工的责任更小，对企业的影响往往是短期的，可以在短时间内显现，所以其激励周期也相对较短，往往以月为周期较为适宜。

有时候，企业甚至可以在员工完成工作后立刻给予相应的激励。比如销售人员的销售奖金、技术研发人员的研发奖金。由于激励效果存在明显的时间属性，所以拖得越久，薪酬激励的效果就越差。因此，在员工达成目标后，企业应立刻给予其相应的薪酬奖励，这样的激励效果最佳。

薪酬激励的职责范围，是指员工的薪酬激励不能超过他所承担的职责，什么岗位的员工就负责什么岗位的工作。对员工的激励，必须影响其所负责的工作。不能按照销售业绩来给技术员提成（除非技术员对销售业绩有直接的贡献或决定性的影响），更不能按技术难度给销售员提高提成比例。

同理，对各岗位的员工，尤其是基层员工，也不能按照企业整体业绩进行激励，因为基层员工无法直接影响企业的整体战略和经营决策，他们的责任范围很小，对企业整体业绩的影响是相对的，而不是直接的。

除了要考虑即时性和责任范围外，我们还要考虑员工的需求。员工的工作动力，往往来自其强大的内驱力，而内驱力的根源正来自其切实的需求。**需求是一个人努力的根源、奋斗的根本，也是我们激励的出发点。**

笔者曾经听过这样一个故事：一家企业到非洲设厂，招了大批非洲工人。刚到非洲时，这家企业完全不了解当地的风俗，于是按照中国人的思维，给非洲工人发工资、算奖金、设福利，结果工人们一点兴趣也没有，天天旷工，迟到早退更是常态，导致企业产能严重跟不上生产计划，企业发展受限。

后来，有人给企业提建议，说当地消费设施落后，当地人有钱也花不出去，所以才对钱没兴趣。企业可以降低工资，用积累下来的钱购买生活用品，然后在公司里设置“全勤奖”“劳动模范”“先进个人”等奖项，获奖的员工可以获得奖品，而且企业会送到员工所在的村子，大肆宣传和夸奖。

这一方法果然奏效，工人们十分顾及自己在村里的面子，生怕在亲戚朋友面前丢人，于是一个比一个卖力，从此再也没有出现大批员工集体旷工的事件，就连迟到的员工也越来越少。

正如前文提到的马斯洛需求层次理论，一个人的需求可以分为生理、安全、社交、尊重和自我实现五个层次。每个需求层次都有不同的激励方式。比如，生理和安全需求，往往需要更多的物质性激励，社交需求则需要由更多非物质性的激励方式来满足，而自我实现的需求往往要求企业为员工提供更加长远的发展规划。企业在进行薪酬激励时，从这些方面着手，往往会收获不错的效果。

同时，**对于不同年龄段的员工，激励的方式有时也大不相同。**比如，25岁左右、参加工作5年以内的员工，渴望学到更多知识和技能，提升自己的能力，所以企业可以对其进行“学习激励”，为他们提供更多的学习和培训机会；而30岁左右、参加工作5~10年的员工，已经拥有了不错的能力，他们渴望获得更加长远的发展，因此企业可以对其进行“成长激励”，允诺他们更好的发展机会；而35岁以上、工龄10年以上的员工，其能力达到一定水平，发展也达到一定阶段，这时他们更需要直接的物质性激励，和他们谈钱或许更有效。

07

动可挑战

在第一次薪酬变革中，M公司过于强调岗位价值，而忽视了绩效。在第二次薪酬变革中，M公司虽然加入了绩效部分，但是在实际的执行与操作过程中，绩效管理的实施既不规范也不严格，导致原本应该浮动的绩效工资，逐渐变成固定的“基本工资”。尤其是管理人员和研发人员，无论他们是否完成工作，完成的质量如何，绩效工资都会按时全额发放（除了作为年终奖的部分）。这导致的后果是，员工无论是否完成既定目标，都能获得预期薪酬。因此，M公司内部大部分员工缺乏目标感，薪酬也缺乏挑战性。

具有挑战性，也是薪酬设计的重要原则之一。美国马里兰大学帕克分校的一项早期研究显示，一个明确的目标，往往比要求员工尽力去完成，更能够收获好的业绩表现。管理学大师彼得·德鲁克在1954年出版的《管理的实践》中，进一步明确了目标的作用，提出企业必须给员工设置目标。**设置明确的目标，可以有效提高员工的工作效率，提高企业的生产效率。**

为了保证激励效果与薪酬投入成正比，达到企业的预期，很多企业在进行薪酬设计时，往往会为员工设置不同的目标，形成目标薪酬，增强薪酬的挑战性。

所谓薪酬挑战性，是指员工在薪酬的激励下，被充分地调动起挑战的热情，努力完成目标，完成工作业绩目标。增强薪酬挑战性的关键，就在于给员工设置合理有效、具备激励性的挑战目标。

一般来说，企业在设置目标时，需要让员工“跳一跳，够得着”。例如，爱立信是一家大型跨国公司，它曾经的薪酬设计就充分利用了“挑战性”来增强薪酬的激励效果。它在薪酬设计中，要求每位员工给自己设定目标。每个员工的目标都会分为不同的等级，每个等级对应不同的奖金报酬，需要不同程度的努力才能达成。随着目标等级的不断提升，员工也需要不断地“往上跳”才能“够得着”，这就是薪酬的挑战性。

每个目标相较于前一个都不容易实现，但不断提升的薪酬，可以不断激发员工的潜力，让他们抱着一定要去冲一冲的态度，使他们做得更好。

在进行薪酬设计时，企业不妨大胆一些，设置一些具有挑战性的目标，让员工尝试着“跳一跳”，这样，他们在工作中才能有足够的动力和热情。他们通过努力“够着目标”，才会收获更大的成就感和满足感。当然，设置的挑战目标不宜太高，如果员工再怎么“跳”都“够不着”，他们便不会再“跳”了，反而可能干脆“躺下来”，不思进取，结果只会适得其反。

在设计目标时，我们往往会根据企业自身的情况，为员工**设置“三级”目标，即保底目标、挑战目标和冲刺目标。**保底目标就是员工通过正常努力所能达成的目标；挑战目标就是需要员工稍微再努力一下才能达成的目标，这个目标高于保底目标，但不会高太多，旨在敦促员工努力工作；冲刺目标就是需要员工付出一定努力才能达成的目标，旨在让员工不断超越自我，实现价值。

员工达成何种目标，企业就给予相应的激励。薪酬挑战性不仅强化了薪酬差异化的效果，更能激发员工的斗志和工作热情。

08 静有保障

企业如果一味设置目标，就会让员工感到厌倦和疲惫。这时，企业需要给员工提供对等的保障性，让他们有安全感、归属感，感受到企业对员工真诚的态度。

前些年，国内一些销售导向型企业非常流行“无底薪”或“低底薪”模式。在这种模式下，员工的收入完全靠业务提成，即卖出多少产品就能得到多少工资。现今这些企业发展得怎么样呢？可以肯定地说，这样的公司绝不会有长远的发展。因为它们留不住人。试想一下，如果一个销售员连基本工资都没有，一个月的薪酬全部与业绩挂钩，这样的高风险，可能会让他心事重重，顾虑自己的处境，甚至为自己这个月会不会挨饿，工资是否够交房租而担心。连基本的生理需求和安全需求都满足不了，他又怎么能安心工作呢？

如果连基本的保障都没有，员工怎么会跟公司产生联结，对公司产生认同感呢？

其实，人们很早就发现了薪酬的保障价值。前文所介绍的心理学家赫茨伯格提出的“双因素理论”，就提及了薪酬的保障作用。他认为，工作中有很多因素会影响员工的情绪和状态，他将这些因素称为“保健因素”，包括工资报酬、工作条件、企业政策、行政管理、劳动保护、福利待遇、安全措施、人际关系、领导水平等。如果这些保健因素无法得到满足，员工的负面情绪就会滋长，工作状态就会变差，最终出现消极怠工甚至罢工的情况。

日本传奇人物、“日本经营四圣”之一的稻盛和夫，在一次讲话中将员工形容成自己的子女。他解释说，对待员工就像对自己的孩子。一个孩子成绩优秀，做什么都好，你自然会给他奖励；可是，另一个孩子，你会因为他学习不好，就让他缺吃少穿吗？

这个比喻很生动地表现了薪酬的“挑战性”和“保障性”之间的关系。公司应该具有一定的家的属性：一方面，积极鼓励员工大胆参与挑战；另一方面，给予他们基本的保障，不让他们忍饥挨饿，否则就会导致更大的破坏，除非你辞退他们。

薪酬保障的作用，就在于尽可能降低和消除员工的负面情绪和不满因素。同时，满足员工最基本的生理需求和安全需求，为员工排除顾虑，让他们迎接挑战，直面目标，追求更好的发展。

当然，像M公司原有的薪酬体系一样，把保障性的固定薪酬拉满，走向保障的另一个极端的做法也是不可取的。

其实，企业遭遇的绝大多数薪酬问题，归根结底都与企业的战略、文化、人性脱不了关系。“上联战略，下接策略，对内公平，对外吸引，远能发展，近能激励，动可挑战，静有保障”的“上、下、内、外、远、近、动、静”的薪酬设计“八字方针”，是笔者对企业薪酬发展的归纳总结，它是建立在对人心、人性和人生的深刻理解、认知及反思之上，同时结合企业战略与人效而提炼出的。

如果在经营管理中，发现企业的薪酬策略存在问题，不妨从战略、文化、人性等角度出发来思考，再用“八字方针”验证效果。

当我们看清经营管理中的问题，再带着“八字方针”的理念去思考，设计薪酬方案就会变得轻松。接下来，我们就要进入具体的薪酬设计环节，一起来了解如何设计薪酬。

第五章

不破不立，如何抓住不同员工的薪酬侧重点

深入M公司内部，了解到更多关于M公司的内部情况后，笔者和团队得出一个不争的结论，那就是：这家公司从来都不缺人才，但发展至今，却陷入人才外流、无人可用的困境，这一切的根源，正是关于薪酬的一系列问题。

在很长一段时间里，M公司不仅没能对企业整体的薪酬结构进行有效的划分，很多时候还把各种职位序列放在一个层面上进行比较，采取相同的激励手段。这导致的结果是，所有员工都觉得自己吃了亏，大家都有怨言，最后所有员工都把问题的矛头指向了高层，将怨恨的目光锁定在老板身上，老板成了最大的“冤大头”和“背锅侠”。

对于一家公司来说，还有比让老板“背锅”更可怕的事情吗？它导致了员工跟老板离心离德，甚至一大批与企业共同成长的骨干员工也对老板失去了信心，他们的离开给企业带来重创，最终也驱使老板下定了“薪酬改革”的决心。

因此，当我们着手薪酬设计的实际工作时，最迫切的问题就是，如何设计一套足以清晰划分员工序列的薪酬体系。在这个方向上，笔者和团队不断调查、摸索和研究。最终，我们**按照企业“为价值创造者付薪”的理念，将员工划分为3大核心类别，分别是核心价值创造者（技术研发人员）、直接价值创造者（销售人员）、价值创造保障者（职能人员）**，并针对不同价值类型的人员，制订了独立的薪酬策略。

01

核心价值创造者

M公司之所以能有如今的规模，从某种意义上来说，正是由于其在技术研发方面取得的成果。并且，在新能源材料供应这个行业，未来想要拥有长远的发展，也离不开技术研发人员的持续创造。因此，一开始，M公司的老板就非常器重自己的研发团队，将之视为企业的核心价值创造者。

对于技术研发人员的薪酬调查和分析，是笔者和团队重点关注的问题。为了构建一套可以真正调动技术研发人员工作积极性的薪酬体系，我们对同行友商进行了大量的数据调查和分析，最终整理出M公司技术模块市场对标表，如表5-1所示。

表5-1　M公司技术模块市场对标表

研发费用			技术研发人员人数			技术研发人员人数占比			技术研发人员平均年薪		
序号	对标企业	全额（万元）	序号	对标企业	人数	序号	对标企业	占比（%）	序号	对标企业	金额（万元）
1	××股份	12800	1	××科技	568	1	××股份	43.2	1	××股份	37.3
2	××技术	10209	2	××技术	489	2	××股份	40.9	2	××股份	33.4
3	××股份	9887	3	××股份	401	3	××科技	37.7	3	××技术	30.2
4	××技术	8760	4	××技术	332	4	××技术	34.4	4	M公司	28.6
5	××科技	7874	5	××股份	290	5	××科技	31.6	5	××技术	28.1
6	××股份	5990	6	××科技	289	6	××股份	29.5	6	××科技	27.5
7	××股份	5532	7	××股份	267	7	××科技	28.3	7	××技术	26.9

续表

研发费用			技术研发人员人数			技术研发人员人数占比			技术研发人员平均年薪		
序号	对标企业	全额（万元）	序号	对标企业	人数	序号	对标企业	占比(%)	序号	对标企业	金额（万元）
8	××股份	4561	8	××技术	230	8	××股份	27.8	8	××股份	26.6
9	××技术	4133	9	××股份	203	9	××技术	24.1	9	××技术	25.7
10	××技术	3876	10	××科技	199	10	××技术	22.3	10	××科技	24.9
11	××股份	3058	11	M公司	188	11	M公司	20.8	11	××股份	24.1
12	M公司	2848	12	××股份	167	12	××股份	19.7	12	××股份	23.5
13	××科技	2236	13	××股份	155	13	××股份	18.3	13	××技术	22.1
14	××科技	1800	14	××技术	120	14	××技术	16.2	14	××股份	20.9
15	××股份	980	15	××股份	109	15	××股份	14.5	15	××科技	19.6

M公司在研发费用、技术研发人员人数、技术研发人员人数占比这三个方面，在整个行业中都处于中下游水平，而技术研发人员平均年薪却位居前列。

这就是说，为技术研发人员投入的高薪，并没有为企业带来实质性的技术优势。在很多研发项目上，M公司甚至处于人才匮乏的状态，导致很多项目被一拖再拖，难以按照M公司的阶段性战略完成预期目标。

对于企业来说，这就是典型的“高薪缺才”状态，花着高价钱，养的却不是真正的核心技术研发人才，而是那些不能为企业带来技术进步和研发突破的员工。

面对这种情况，笔者向M公司老板提出两条建议。

第一，鉴于技术研发团队是企业的核心部门，对企业未来发展具有重大意义，建议将整个研发团队当作企业的“核心战略部门”，设置专项的“核心竞争力薪酬”。

所谓“核心竞争力薪酬”，是指用于激励具有核心竞争力的人才的薪酬体系，是在常规的“基本工资+履职津贴+绩效奖金”的基础上，在履职津贴部分为技术研发人员新增的薪酬。设置核心竞争力薪酬的目的是通过额外增设的薪酬，增强技术研发人员对履职任务的完成效能，加强对技术研发者，尤其是优秀技术研发人员的薪酬激励。

第二，鉴于技术研发团队“高薪缺才”的情况，利用“高价值人才九宫格”选拔核心人才，进行专项激励，激励真正有价值产出的人才。

所谓“高价值人才九宫格”，就是将能力及绩效作为纵横两轴，每一轴根据不同的能力展现程度，细分为三个等级，交叉形成九个不同的格，然后将人才按照相应的标准分别归入九个格中，从而反映出人才在各项指标上的优劣区别，进而选拔出优秀人才的一种方法。

如图5-1所示，在“高价值人才九宫格”中，我们可以通过能力、绩效这两个重要指标来衡量技术研发人员的价值。

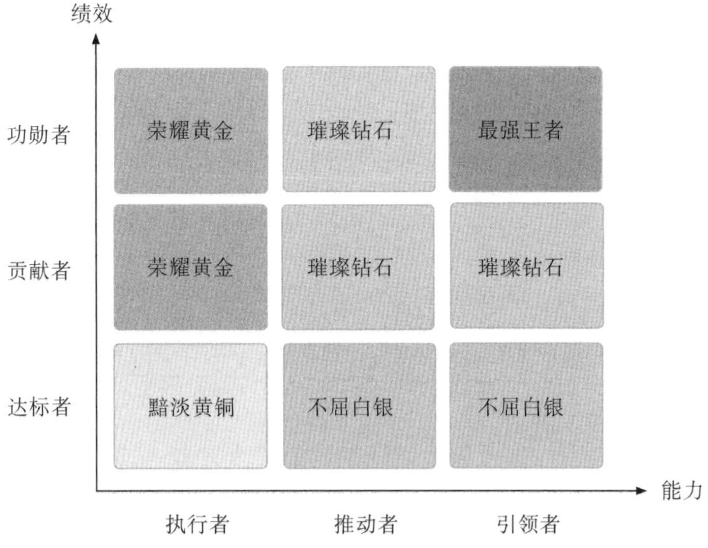

图5-1 高价值人才九宫格

其中，位于九宫格右上角的“最强王者”，是指在能力和绩效的评估中，表现都极为优秀的人才，他们是九宫格中的明星，是价值创造的主体，是“核心竞争力”的主要创造者，也是我们进行激励的主体。

位于九宫格中上部的“璀璨钻石”，是指能力和绩效都比较优秀的人才，是仅次于“最强王者”的次一级人才，具备一定的价值创造能力，是“核心竞争力”的次要创造者，是进行激励的次级对象。

“荣耀黄金”和“不屈白银”，是指在能力或绩效的某一方面存在欠缺，但在另一方面表现不俗的技术研发人才。对于这些人，重点是让他们完成手里的常规研发任务，保证其工作的积极性和斗志，可进行适当的“核心竞争力薪酬”激励，激发他们的潜能。

最后，位于九宫格左下角的“黯淡黄铜”，是指在能力和绩效方面都存在明显问题的员工，他们往往不是企业中真正的价值创造者，不仅不宜对其进行“核心竞争力薪酬”激励，而且要谨慎任用。

如果某些技术研发人员长期处于“黯淡黄铜”区域，我们往往需要对其进行强化培训或调岗处理，如果经过培训后仍不符合公司的要求，可能就需要采取进一步的措施。

如何进行高价值人才盘点?

高价值人才盘点，是指对企业内具备高价值的人才进行实际数量的清查与清点，形成清晰的企业高价值人才地图，帮助企业梳理高价值创造者的数量与质量。

对于M公司来说，技术研发团队的高价值人才盘点工作刻不容缓。

在对M公司的高价值人才进行盘点的过程中，我们首先考虑了M公司的战略发展方向，审议了企业战略对高价值人才的认定标准与需求数量，以确定我们在考察维度的核心指标和判断标准，形成完善的M公司高价值人才评估、考核体系。

一般来说，**高价值创造者往往有两个特点：第一，在绩效上表现不俗；第二，具备较强的工作能力。**因此，我们在进行高价值人才盘点的时候，最核心的工作就是真正找到并激励那些高绩效、高能力的人才。

第一，盘点人才当前的绩效表现。M公司认为，高绩效是员工高价值创造的最直接表现，也是最重要的衡量标准。基于这一标准，我们快速筛选出M公司的高绩效员工。

通常来说，绩效的高低不仅可以在一定程度上体现员工的能力高低，也能体现其对工作的适应度和匹配程度。在高价值人才盘点中，高绩效是一项重要的评判标准。

高绩效判断就是对员工过往的绩效完成情况进行考核与分析，得出员工在过往工作中的成绩。对于技术研发人员，主要是看其在过往的研发工作中，所承担的责任、扮演的角色、在研发团队中作出的贡献，以及在实际工作中的具体工作表现等。

同时，我们还可以对技术研发项目或技术研发团队进行专项的绩效考核，对技术研发人员在近期内的绩效进行评估。根据绩效评估的结果，M公司将员工划分为三类：功勋者、贡献者、达标者。（见表5-2）

表5-2　M公司按绩效等级划分的员工占比

绩效等级	功勋者	贡献者	达标者
人才比例	10%—20%	70%—80%	10%

功勋者是指为企业带来高价值绩效的创造者。

贡献者是指对企业绩效目标达成有较大贡献的员工。

达标者是指企业中完成绩效目标，在绩效考核中合格的员工。

值得一提的是，M公司的高价值人才盘点，主要是针对绩效达标者进行的。对于绩效未达标者，企业往往不予考虑。

第二，盘点人才的能力和素质。高能力是员工高价值创造的另一个重要指标。M公司盘点高能力人才的过程，往往也是对员工的能力，尤其是核心人才的胜任力的评估过程。在这个过程中，我们为M公司建立了员工的能力素质评估模型，用于找出员工在工作中所需的关键性能力和素质。

我们首先使用第一章介绍的理论和方法，梳理了M公司的企业发展战略的阶段性目标：在新能源材料行业排名前三。

根据这一阶段性战略目标，M公司确定了自己在技术研发人员方面的需求：积蓄一批在新能源领域具备领军研发能力的专业技术人才。于是，M公司对内部的技术研发人才进行了高能力技术研发人才盘点。

首先，M公司对组织内的技术研发人才进行了专项调研和访谈，进而制订了技术研发人才所需的能力素质指标。其中主要包括专业知识能力、研发技术能力、工艺改进能力、技术创新力、团队协作能力、项目管理能力、事业心、坚持不懈等。

其次，根据上面的能力素质指标，M公司制订了“技术研发人员能力评分表”（见表5-3）。这张表不仅涵盖以上指标，还涵盖了包括高层、直接领导、同事、自我甚至是客户的多维度评价。（单项最高分为5分）

表5-3 M公司技术研发人员能力评分表

能力	评价				
	30%	30%	20%	10%	10%
	公司副总经理	部门总监	客户	同事	自我
专业知识能力	5.0	4.9	5.0	5.0	4.8
研发技术能力	4.7	4.8	4.9	4.8	4.6
工艺改进能力	4.3	4.2	4.8	4.8	4.5
技术创新力	4.7	4.6	4.8	4.6	4.8
团队协作能力	4.6	4.8	4.6	4.8	4.7
项目管理能力	4.1	4.3	4.5	4.7	4.3
事业心	4.8	5.0	4.6	4.7	4.8
坚持不懈	4.5	4.8	4.7	4.6	4.7

最后，通过对技术研发人员能力评分表上分值的汇总和统计，就能得到技术研发人员在该领域的能力分值。在此基础上，只需要将符合企业标准的高能力人才标注出来，即可得到关于员工能力的人才地图。

在员工能力人才地图中，我们还可以按照员工的能力，将其划分成3个等级，即引领者、推动者、执行者。（见表5-4）

表5-4 M公司按能力等级划分的员工等级及其占比

能力等级	引领者	推动者	执行者
人才比例	10%—20%	70%—80%	10%

引领者是指能力很强，能为企业带来高价值的技术研发人员。

推动者是指能力较强，能在一定程度上，为企业带来价值创造的技术研发人员。

执行者是指能力较差，无法满足企业价值创造的高要求，只能完成一些常规技术性工作的人员。

通过对“高绩效”和“高能力”两个指标的评估和衡量，我们最终建立了高价值人才九宫格，也就是我们所需要的高价值人才地图。这份人才地图为M公司的所有员工指明了方向，并借此将我们的“付薪理念”和“游戏规则”传达给员工。

对企业进行高价值人才盘点，不仅是薪酬设计的一种方法，更是企业从“游击队”转变为“正规军”的必由之路。对人才的有效盘点，对洞察企业人才需求，发掘优秀人才，构建人才梯队具有非凡的意义。

02 直接价值创造者

销售团队，历来是组织最直接的业绩来源，是企业价值最直接的创造者。销售人员，就像一个抓手。企业将这只抓手伸进市场，捞起来的就是业绩和利润。因此，企业要想创造高价值，就需要将自己的“抓手”做大、做牢。换言之，也就是想办法，让自己的销售团队变大、变强。

让销售团队变大、变强的关键，就在于建立一套可以充分调动销售人员工作积极性的薪酬体系，用高额薪酬激励销售人员自发地去追求高目标、高绩效。为了构建一套可以激发销售人员工作热情的薪酬体系，我们同样需要进行数据调查，了解外部的薪酬态势。

表5-5　M公司销售人均薪酬与人效对标表

销售人均薪酬				销售人创绩效		
序号	对标企业	金额（万元）		序号	对标企业	金额（万元）
1	××科技	29.8		1	××股份	1539.2
2	××股份	26.1		2	××科技	1280.1
3	××股份	25.5		3	××股份	1017.5
4	××技术	24.4		4	××科技	876.7
5	××股份	23.3		5	××技术	814.3
6	M公司	23.1		6	××股份	773.2
7	××科技	20.8		7	××科技	684.6
8	××技术	18.9		8	××股份	578.4
9	××股份	18.2		9	××技术	508.5
10	××科技	17.3		10	××股份	471.3
11	××股份	16.7		11	M公司	442.2

续表

销售人均薪酬				销售人创绩效		
序号	对标企业	金额（万元）		序号	对标企业	金额（万元）
12	××技术	15.0		12	××技术	329.6
13	××技术	14.4		13	××股份	318.3
14	××股份	12.2		14	××技术	214.7
15	××股份	10.8		15	××股份	198.9

以M公司为例，我们对其所在区域的同行友商进行了调查，整理出该行业的销售人员薪酬数据，如表5-5所示。从表5-5中，我们不难看出：在薪酬待遇方面，M公司的销售人员处于行业中上水平，可是，销售人员创造的业绩却处于偏下水平，明显低于行业中的龙头企业。

这说明M公司的销售人员拿着高薪资，却创造着低价值，即典型的“高薪低效”。这是企业内最可怕的现象，说明企业在花“冤枉钱”，意味着企业的薪酬激励已经失效。

了解到这个情况后，笔者和团队决定深挖M公司销售团队的薪酬结构，搞清楚M公司的“冤枉钱”到底花在了什么地方。

经过一番调查，我们发现：M公司原本有一套完善的薪酬方案，可是在长期的推行过程中，绩效板块的薪酬已经失效。员工的大部分绩效薪酬不能即时发放，而是以年终奖金的形式发放。这导致大批销售人员在完成当月或当季度绩效后，迟迟拿不到奖金。

薪酬对员工的激励，需要即时进行，迟发的奖金，会让薪酬激励的效果大打折扣，极大地挫伤员工的工作积极性。尤其是销售人员。由于他们主要靠绩效奖“吃饭”，长时间拿不到该有的奖励，不仅会挫伤他们的积极性，甚至会直接影响他们的生活品质。连基本的生活需求和安全需求都得不到保障，是销售人员不努力工作的最大原因。

针对这种情况，我们向M公司提了三点建议。

第一，在“基本工资+履职津贴+绩效奖金”的基本框架下，弱化基本工资、履职津贴的影响力，强调销售人员的绩效奖金，提高浮动部分的薪酬比例。用高浮动、高激励，推动销售人员不断提高销售业绩。

第二，弱化销售人员，尤其是基础销售人员与年终绩效奖金的关联度，强化即时激励，满足销售人员的“人性诉求”。

第三，完善绩效考核制度，切实履行绩效目标的制订、管理与考核，全方位保障绩效制度的落实。

在这一方案出台后，公司内往往会出现两种声音：一种是支持高浮动绩效方案的声音，另一种则是反对的声音。

这是因为真正给企业带来高价值、高绩效的员工，能从这份薪酬方案中收获更多。他们是靠高绩效、高业绩“吃饭”的，而不是靠基本工资和履职津贴。在这套高浮动薪酬模式下，优秀的销售人员会凭借高绩效，获得更多的收入。

相反，那些无法从高绩效中获得更多收益，只能靠基本工资和履职津贴获“吃饭”的销售人员，则会因此感到不安和沮丧。他们是这套方案的反对者。

不过，这恰恰说明我们的方案是正确的。因为我们要奖励的正是那些高绩效、高价值的优秀销售人员，而要“打压”的也恰是那些浑水摸鱼，无法给企业带来高绩效、无法创造高价值的平庸销售人员。

虽然笔者不鼓励企业“唯绩效论”，但就目前而言，对于销售人员的薪酬设计，其重点仍然是对员工绩效的考核。因此，**要想盘活任何一个销售团队，其关键都是让销售人员的薪酬浮动起来，让销售人员去追逐更高的绩效奖金，而不是整天想着如何拿到那点“死工资”！**

03

价值创造保障者

所谓价值创造保障者，就是不直接从事价值创造工作，但是他的工作可以为其他价值创造岗位提供保障。

最常见的价值创造岗位就是组织里的职能人员，他们是帮助管理者进行组织管理、协调和规划的人员，比如财务、行政、人资等。

这些员工由于不参与直接生产、研发和销售，其绩效很难被精确量化，对企业的价值也很难被准确评估。因此，在传统的薪酬设计中，对于这类员工，往往是按照其工作任务和岗位要求，设置与之匹配的履职要求，按照履职要求设置相应的基本工资和履职津贴，弱化浮动部分的薪酬，淡化绩效奖金在整体薪酬结构中的影响，保障其薪酬激励的安全性、稳定性。

但是，这样做带来的后果是：职能人员往往效能低下，无法起到支撑公司管理的作用。有时候，职能人员过多还会给企业带来沉重的薪酬负担。

因此，在针对职能人员进行薪酬设计时，我们还需要考虑职能人员人数与公司员工总人数的配比情况——价值创造保障者与价值创造者之间的人数比例。

一般来说，**职能人员过多，而价值创造者（销售、生产、研发）人数太少，往往说明公司的职能体系臃肿，效率低下。同时，也说明公司在“养闲人”**。毕竟，养着一大批不直接创造价值的人，对任何公司来说都是一种潜在的负担和压力。

因此，在针对M公司的价值创造保障者（主要是职能人员）进行薪酬设计时，我们的基本思路是：在保证以基本工资为主的情况下，巧用履职津贴、目标绩效薪酬，激发职能人员的工作热情。

表5-6 M公司职能与管理模块市场对标表

管理费用			职能部门人员规模			职能人员配比（总人数/职能人员人数）			管理人员薪酬		
序号	对标企业	金额（万元）	序号	对标企业	人数	序号	对标企业	配比	序号	对标企业	金额（万元）
1	××股份	9840	1	××科技	281	1	××股份	27.9	1	××技术	3012
2	××技术	7652	2	××技术	230	2	××股份	19.3	2	××股份	2754
3	××股份	7033	3	××股份	201	3	××科技	17.8	3	××科技	2478
4	××技术	6609	4	××技术	198	4	××技术	15.4	4	××股份	2341
5	××科技	5856	5	××股份	177	5	××科技	13.4	5	××科技	2272
6	××股份	4651	6	××科技	160	6	××股份	12.9	6	××股份	2177
7	M公司	4480	7	××股份	123	7	××科技	12.7	7	××科技	2082
8	××股份	3965	8	××技术	110	8	××股份	11.6	8	××股份	1990
9	××技术	2408	9	M公司	95	9	××技术	8.5	9	××技术	1986
10	××技术	1920	10	××科技	89	10	××技术	7.2	10	M公司	1923
11	××股份	1832	11	××股份	69	11	M公司	6.6	11	××技术	1821
12	××股份	1472	12	××股份	57	12	××股份	6.4	12	××股份	1088
13	××科技	891	13	××股份	44	13	××股份	6.2	13	××股份	877
14	××科技	886	14	××技术	35	14	××技术	6.0	14	××技术	701
15	××股份	590	15	××股份	23	15	××股份	5.8	15	××股份	489

同样以M公司为例，在对其同行友商的职能人员进行数据调查（见表5-6）和分析后，我们提炼出了最为重要的4项数据。

其中，M公司在所有调查与分析的公司里，每年用于管理的费用超过4000万元，排名行业第7；管理人员的薪酬接近2000万元，排名第10；可实际上，M公司的职能人员有95人，职能部门人员规模排名第9。更重要的是，M公司的职能人员配比只有6.6，也就是1名职能人员只支持了6.6个价值创造者。在行业中，这属于较低水平，不到领先友商的1/4。

在与市场的比较中，我们发现：M公司用于管理的费用很高，人均薪资更高。但实际为企业带来的支持和保障效果却很一般，无法为一线的价值创造者提供充分的后勤保障，处于“人多效低”的状态。

针对这种情况，笔者向M公司提出两点建议。

第一，在稳固职能人员的固定薪酬部分时，明确其履职要求，设置明确的履职津贴，并对其进行履职考核，以实现降本增效。

第二，为职能人员设置明确的工作目标，尤其是“三级目标”，并对目标完成情况进行绩效考核，将考核结果与职能人员的绩效奖金挂钩，增强激励性。

在价值创造保障者的薪酬设计思路上，我们在传统理念的基础上做出了一些改变：在以基本工资为主的前提下，强调职能人员对职务的履行情况和对目标的绩效考核。

在传统的薪酬设计中，公司更注重职能人员的保障性，将薪酬设计的重点放在基本工资上。但鉴于“为价值创造者付薪”的理念，我们实际上希望职能人员也与企业的价值创造产生强关联。

而对于职能人员来说，价值创造的表现就体现在对其他部门、岗位、工作和人员的支持上。因此，其是否按照要求完成了自己的履职任务，是否达成了我们的预期目标，就是其所创造价值高低的重要表现。

无数企业的发展经验告诉我们，**想要对员工进行高效激励，首先就要对员工进行高效区分。不加分辨的薪酬激励，不仅是盲目的，也可能是无效的。**

在很多公司，由于对核心价值创造者、直接价值创造者和价值创造保障者三类人员区分不明，往往进行“大锅饭”式薪酬激励。将激励销售人员的手段用在了职能人员和研发人员身上，结果导致整个公司的人唯利是图、目光短浅；有的公司将激励职能人员的方式用在销售人员和研发人员身上，结果导致员工个个好逸恶劳、推诿甩责，搞得整个公司乌烟瘴气。

因此，想要设计好薪酬方案，我们首先就要有效地区分组织里的不同人群，对他们的工作性质和特点进行详细划分，从而抓住不同员工的薪酬设计侧重点，找准激励方向，确定改革基本点，然后再有针对性地设计薪酬方案。

需要注意的是，由于行业特性、业务场景、规模体量、运营模式、发展阶段和核心竞争力等方面的影响，每个公司的价值创造者各有不同，其激励形式也需要因企制宜、因人制宜，切忌生搬硬套。

第六章

简单3招，合理设计员工的基本工资

当走到这一步，我们已经清楚薪酬设计中最核心的4件事情。

第一，我们厘清了薪酬与企业战略、文化、人性的深刻关系。

第二，我们明白了自己为什么付薪，也就是“为什么给员工支付工资”，什么样的员工值得企业支付薪酬，需要进行激励？什么样的员工不值得企业付出相应薪酬，不需要进行激励。

第三，我们知道了自己所预期的薪酬效果是什么样的。我们期望薪酬方案可以支撑企业战略的推进，可以融入价值创造的策略；可以促进企业内部的公平，可以对外吸引人才；可以对员工进行短期的强激励，也能让员工获得持续的发展；可以为员工提供基本保障，同时给予员工目标挑战。

第四，我们更清晰地意识到，想要让薪酬激励更有效，就要对价值创造人群进行有效分类，明确划分出核心价值创造者、直接价值创造者和价值创造保障者。

上述4件事情之所以重要，是因为它们为我们的薪酬设计提供了方向的指引和方法的指导。

我们为M公司确定了“为价值创造者付薪”的基本理念后，就有针对性地设计出了能够让这套付薪理念得以落地的薪酬结构体系，也就是“基本工资+履职津贴+绩效奖金”的付薪模式。接下来，我们将分成3个章节，对这3个付薪模块进行详细的、深入的探讨。

01

基本工资应该从岗位价值评估开始！

基本工资是大家最为熟悉的薪酬概念之一，是指企业按照国家规定及劳动合同约定计算的工资。

说得直白一点，这部分是国家保障劳动者的利益，规定企业必须发给员工的钱，否则违法。同时，这部分也是保证员工最低生活标准，满足员工最基本生活需求的钱。

基本工资的作用，就是为员工提供安全感、稳定性和保障性，让员工交得起房租、饿不着肚子，或者能满足现阶段最基本的安全需求。不至于像打临时工一样，吃了上顿没下顿，整天还要为“住在哪儿”“能吃什么”而愁眉苦脸。对于企业来说，基本工资意味着自己与员工之间达成了基本契约，形成了最稳固的价值纽带，使得企业和员工联结在一起，从而让企业更有凝聚力。

一般来说，基本工资的设计要考虑3个核心因素。**第一，员工所在的职级、薪级；第二，企业的现实情况、行业水平和发展诉求；第三，法律法规的相关规定和要求。**

其中，尤以第一个因素的专业性最强、要求最高，也最为复杂，很多企业将其视为基本工资设计的“痛点”。接下来，我们就详细介绍这一部分，帮助你更好地理解基本工资的设计思路和基本流程。

利用岗位价值评估，确定员工的职序、职级和薪级！

通常情况下，一名员工的基本工资受其所在岗位的职序、职级和薪级影响。职序不同，基本工资的标准不同；职级和薪级不同，基本工资的基数也大不相同。职级和薪级越高，基本工资往往也越高。

因此，想要确定员工的基本工资，我们首先要解决的问题就是弄清楚员工到底属于哪个职序，处于哪个职级和薪级上。而确定员工的职序、职级和薪级最常用的方法，就是岗位价值评估法。

所谓“岗位价值评估”，是指企业站在组织层面，从岗位设计者的角度，以企业的战略和目标为纲领，采用统一的标准和原则，使用相同的办法和工具，对内部所有岗位的相对价值进行评估，从而将不同部门、不同职级的岗位归于相同的体系内，用一个统一的衡量和评价标准，分出不同岗位的相对价值高低。

说得直白点，就是找到一套合适的评估方法，给企业的所有岗位“称重”，看看哪个岗位的价值大，哪个岗位的价值小。再通过价值大小，对所有岗位进行排序，最终得到组织里所有岗位的排列结果。

岗位价值评估的方法有很多，不同行业、不同企业，或者处于不同发展阶段的企业，在评估方法的选择上都应有所区别。没有最好的评估方法，只有最适合企业的评估方法。

因此，在设计岗位薪酬，进行价值评估之前，我们首先要选择一种最适合企业所在行业、企业性质、类型、规模、发展周期和企业诉求的评估方式。

总的来说，目前较为常见、广受好评的评估方法主要有以下7种：排序评估法、分类评估法、市值评估法、因素比较评估法、要素点值评估法、美世国际职位评估法、海氏岗位价值评价法。

排序评估法：初创型公司的首选

排序评估法，就是对各岗位的相对价值进行整体的比较，排列出高低次序，按照高低次序计算岗位价值的一种方法。

最常见的排序评估法有2种：直接排序法和两两比较法。

比方说在《西游记》里，孙悟空、猪八戒、沙和尚、哪吒、二郎神谁更厉害呢？想要比较他们的实力，就要对他们进行评估、排序，于是我们根据《西游记》里所写的内容，基于他们的最终目标，形成了一个总体的判断，排列出孙悟空≈二郎神＞哪吒＞猪八戒＞沙和尚这个顺序。这就是直接排序法，即根据某一类标准，直接得出顺序。

表6-1是某小型企业用直接排序法制作的岗位价值评估表。该企业选定5名评估员，对销售经理、技术经理、财务经理、生产经理、产品经理5个岗位进行了岗位价值评估。

表6-1　某小型企业的岗位价值评估表（直接排序法）

评估员	岗位				
	销售经理	技术经理	财务经理	生产经理	产品经理
评估员A	1	2	3	4	5
评估员B	3	2	1	5	4
评估员C	2	1	4	3	5
评估员D	4	1	2	3	5
评估员E	1	3	2	5	4
合计	11	9	12	20	23
平均值	2.2	1.8	2.4	4	4.6
岗位排序	2	1	3	4	5

首先，该企业让5名评估员按照约定好的某一标准，分别对5个岗位进行评估。

然后再将5名评估员的排列顺序进行整合，并计算出各岗位的平均排列顺序，结果为：销售经理2.2，技术经理1.8，财务经理2.4，生产经理4，产品经理4.6。

接着，根据平均排列顺序，可以得到岗位排序为：产品经理＞生产经理＞财务经理＞销售经理＞技术经理。平均值越大，说明排序越靠后，也就越不重要。

最后，得到的岗位价值排序，就是技术经理＞销售经理＞财务经理＞生产经理＞产品经理。也就是说，在此次按照约定好的某一标准，进行的直接排序法的评估中，技术经理是所有岗位中最有价值的。

前文举了《西游记》的例子来说明直接排序法。对于里面人物的实力排名，我们还可以采用两两比较法。

例如，孙悟空和二郎神曾有一战，二者不分伯仲；而孙悟空在与哪吒的战斗中，占据上风，因而略强于哪吒；而哪吒和猪八戒比起来，又胜过猪八戒；猪八戒比沙和尚更有优势。

于是，在这样的比较之下，我们确定了孙悟空≈二郎神＞哪吒＞猪八戒＞沙和尚的实力排序。这就是典型的两两比较法，把两个比较对象单独进行比较，最后得出先后排列的顺序。

表6-2反映了某企业使用两两比较法，对企业的销售总监、人资经理、财务经理、物流主管、企划主管、生产主管、行政助理7个岗位进行评估的情况。

表6-2 某企业的岗位价值评估表（两两比较法）

职位	销售总监	人资经理	财务经理	物流主管	企划主管	生产主管	行政助理	合计
销售总监		1	1	1	1	1	1	6
人资经理	0		0	1	1	1	1	4
财务经理	0	1		1	1	1	1	5
物流主管	0	0	0		0	1	1	2
企划主管	0	0	0	1		1	1	3
生产主管	0	0	0	0	0		1	1
行政助理	0	0	0	0	0	0		0

基于战略目标的需要，该企业先将“销售总监”和“人资经理”两个岗位作对比，分析两个岗位对企业实现阶段性战略目标的价值和贡献度，最终得出销售总监更为重要的结论，于是在“销售总监”一栏加1分，而“人资经理”不得分，计0分。

以此类推，该企业将余下5个岗位分别与“销售总监”进行对比，并记录比较的得分情况，最后汇总得到“销售总监”的分值。

采用同样的方法，该企业将所有岗位进行两两对比，并核算出分值，最终结果是：销售总监6分、人资经理4分、财务经理5分、物流主管2分、企划主管3分、生产主管1分、行政助理0分。

通过对比分值，我们可以得出7个岗位对该企业目前实现阶段性战略目标的价值排序为：销售总监、财务经理、人资经理、企划主管、物流主管、生产主管、行政助理。

无论直接排序法还是两两比较法，都有着明显的优点：直截了当、容易上手、节约成本和经费。在具体的操作环节，排序评估法也十分简练，有时候甚至一个人就能完成，这极大地节省了岗位评估的时间。但是，这种方法也存在明显的不足：首先，评估标准比较主观，缺乏客观性和公正性。其次，适用的场景比较单一，仅适用于岗位较少的小公司，如果职位较多或组织结构比较复杂，用这种方法很容易出现差错，导致评估结果不准确，引发员工的不满。

因此，**排序评估法通常只适用于一些初创型的公司，或者规模较小、人数较少、组织结构比较单一、岗位性质类似的企业。**

分类评估法：职务性质单一类企业的不错之选

分类评估法是指企业在进行岗位价值评估时，先按照工作内容、工作职责、任职资格等方面的不同要求，将岗位划分成管理类、专业类、技术类、营销类等不同的类别，然后再给不同类型的岗位划分等级，进行比较。

就像一排书架，这个架子上摆的是“管理类”，那个架子上摆的是“专业类”，另一个架子上摆的是“技术类”或“营销类”等。管理类书籍放在“管理类”的架子上；专业类书籍就放在“专业类”的架子上，以此类推。然后，再将不同等级的书归入不同的层架上，比如，最受欢迎的书放在最顶层，最冷门的书放在最底层。

这样一来，我们只需要根据书的类别找到书架，再根据其“受欢迎程度”找到层架，就能准确地找到书。

分类评估法，就是采用类似的方式，将岗位分为不同的职序和等级，方便进行定性、定量分析。比如，某公司采用分类评估法对岗位进行分类评估。该公司首先将所有岗位分成不同的职类，分别是领导类、专业行政类、营销类、专业技术类。其中，专业技术类又分为研究开发、生产及支持、客户服务3个小的类别，具体如表6-3所示。

表6-3 某公司不同职类的岗位

<table>
<tr><th rowspan="2">领导类</th><th rowspan="2">专业行政类</th><th rowspan="2">营销类</th><th colspan="3">专业技术类</th></tr>
<tr><th>研究开发</th><th>生产及支持</th><th>客户服务</th></tr>
<tr><td>总裁
副总裁
事业部总经理</td><td>财务会计
人力资源
合同管理
信息管理
政府关系
行政文职</td><td>销售
市场推广</td><td>产品设计
技术管理
基础研究</td><td>生产
生产管理
设备调测
质量管理
物料管理</td><td>售前服务
售后服务
技术支持
客户培训
设备安装
现场维修</td></tr>
</table>

其次，该企业将“工作复杂程度”“有无监督职责”“有无公共联系”作为评估的3个维度，将所有类别的岗位划分为5个等级，并针对各个等级制订了评判标准，如表6-4所示。

表6-4 某公司不同岗位的等级及评判标准

等级	定义描述
5	工作复杂 有监督职责 有公共联系
4	工作中等复杂 有监督职责 有公共联系
3	工作中等复杂 无监督职责 有公共联系
2	工作简单 无监督职责 有公共联系
1	工作简单 无监督职责 无公共联系

最后，该企业根据不同类别的划分，在各个类别中，按照等级标准，将所有类别的岗位划分成5个等级，再根据等级高低，设计相应的薪酬。

和排序评估法相比，分类评估法的优点是具有一定的判断标准和参考依据，所以显得更准确，也更客观。在一些工作内容不太复杂的公司，这种方法能在短时间内得到令人满意的效果。

选择岗位分类、分级的标准是分类评估法的难点。而且，分类评估法中，等级的划分只是针对岗位相对价值而言。不同等级之间，或者同级不同岗的职位之间，很难显现出真正的价值差距。

所以，对于那些工作性质复杂，工作内容差别大，或者管理扁平的企业和部门来说，这种方法或许不容易奏效。

市值评估法：从外部衡量岗位价值

市值评估法是将市场中岗位的薪酬数据作为评估公司内部岗位价值的依据。市值评估法认为，在市场上，岗位的薪酬水平越高，该岗位的相对价值排序就越高；反之，岗位的相对价值排序就越低。

它的优点显而易见——与市场高度契合，避免企业在薪酬问题上“闭门造车”，并且它和市场的耦合性更强，对外界的吸引力也更强。

不过，市值评估法往往需要以“内容过硬”的市场调研报告为基础，即同区域、同行业、匹配自身企业规模级别的调研信息。这对很多企业来说都是一件费时费力的事情。

为了节约成本，企业大多选择从外部购买市场调研报告。这样既可以节约成本和时间，还可以获取更专业的数据。表6-5是某企业根据外部购买的市场薪酬报告，得出的各层级岗位的薪酬情况。

表6-5　某企业各层级岗位的薪酬情况

岗位	市场价值（万元/年）	价值级别
销售总监	30—40	1
人资经理	18—25	3
财务经理	25—35	2
物流主管	12—18	5
企划主管	15—20	4
生产主管	8—15	6
行政助理	6—10	7

不过，这种方法也存在严重的问题：外部购买的调研报告，往往掺杂水分；据此获得的岗位情况，很可能存在周期性波动和滞后性；同时，受到供求关系的影响，存在虚高或偏低的情况。这些都会对企业的岗位价值评估造成不利影响。

比如，如果市场上某类岗位的人才短缺，或者出现周期性供大于求的情况，很可能造成该岗位薪酬上涨或下降，导致该岗位的价值被错估。而企业造成的苦果只能由其自己吞下。

况且，有些岗位的市场价值本身就不等同于公司的内部价值。每个企业的特点不同、需求不同，即便岗位名称相同，在不同公司的职责和分工、能力和要求也会有差别，而市值评估法无法体现这一差别，并且很容易使评估结果出现误差。此外，一些具有企业特色的岗位，往往难以在外部报告中查到。

所以，企业应慎用市值评估法，如果能结合其他评估方法一同使用，效果往往更好。

因素比较评估法：适用于大中型企业

因素比较评估法，顾名思义，就是将众多的岗位因素放到一起，通过比较，最终得出岗位的具体价值，从而形成数值结果或排序结果。实际上，这种方法更像是排序评估法的升级版。

前面讲“排序评估法”时，笔者举了一个例子，比较孙悟空、猪八戒、沙和尚、哪吒和二郎神谁更强，我们需要进行排序。我们可以根据自己的判断，直接排序；也可以对他们进行两两比较，分别排序。这就是排序评估法的基本思路。

因素比较评估法对排序评估法进行了改良。它的基本思路是：先找一个标准岗位，将该岗位拆分为若干不同层面的因素，然后用这些因素去比较所有岗位，最后得到所有岗位的具体排序。

这就好比，我们先把“孙悟空”作为标准，判定孙悟空的“分值”为350分。然后，将这350分分解为不同的“能力点”，比如，战斗力100分，防御力90分，应变能力85分，调整能力75分。

之后我们用同样的指标去评判猪八戒等人，例如，猪八戒：战斗力70分，防御力60分，应变能力50分，调整能力70分。最终，得到猪八戒的总分为250分。

以此类推，把所有人的4个要素分值都评估出来并汇总，就能得到他们的总分，进行排序后就得到评估结果。

不过，在实际的岗位价值评估中，这些因素通常是针对岗位特定价值而设定的。表6-6所示为某企业用因素比较评估法，通过标杆岗位A、B、C，对岗位D的价值评估。

表6-6 某企业对岗位D的价值评估（因素比较评估法）

价值	技能维度	脑力维度	体力维度	责任维度	环境维度
10分	A				A
20分			A	B	
30分		A		A	D
40分	B				B
50分	D	B	B		
60分		D	D	C	
70分				D	
80分	C	C			
90分			C		C

首先，该企业选取了最适合企业实现现阶段战略目标需求的5项核心因素，将其作为评估的基准因素。这5项核心因素分别是技能维度、脑力维度、体力维度、责任维度、环境维度。

其次，该企业将A、B、C三个岗位作为评估的基准岗位。值得一提的是，一般来说，基准岗位应该选取那些具有普遍性、代表性，且工作内容稳定、薪酬水平合理，得到公司大多数人认可的。

再次，该企业确定了基准岗位的分值。基准岗位分值的确定方法通常有两种，一种是直接将基准岗位的薪酬数额作为分值；另一种是通过抽样分析和调查评估，得到“分值—薪酬”转化系数，利用这个系数，将基准岗位的薪酬数额转化成一定的分值。

该企业选用“分值—薪酬”转化系数法，通过薪酬取整处理，得到A、B、C三个岗位的薪酬分别为2000元、4000元、8000元。

该企业对组织内多个岗位进行取样分析和数据对标，得出企业最合适的“分值—薪酬”转化系数为0.05。利用转化系数，该企业将A、B、C三个基准岗位的评估总分值计算出来，分别是100（2000×0.05）、200（4000×0.05）、400（8000×0.05）。

从次，该企业将三个基准岗位的分值分别分解到选定的5项核心因素中，得到基准岗位在各因素中的得分，如表6-6所示。

最后，该企业将待评估岗位D与这三个基准岗位的5项核心因素分别进行比较，得到岗位D的各因素得分，并汇总得到岗位D的总分。

由表6-6可知：该企业将岗位D放入各因素中，与A、B、C三个岗位进行比较。比较结果为：在技能维度上，岗位D高于A、B两个岗位，但远达不到岗位C的要求，因此排在50分的位置；在脑力维度上，岗位D同样超过岗位A、B，但与岗位C仍有差距，因此排在60分的位置。同理，我们得出，岗位D在体力维度、责任维度和环境维度的比较得分，分别为60分、70分、30分。

根据这份比较结果，该企业得出岗位D的总分为270分，A、B、C、D四个岗位的价值排序是岗位C（400分）>岗位D（270分）>岗位B（200分）>岗位A（100分）。根据该企业制订的0.05的转化系数进行转化，可以评估出岗位D的薪资水平大概为5400元/月。

因素比较评估法的优点是，它在排序法的基础上增添了不同维度的因素指标，因此更加精确、客观和可衡量，评估结果更容易获得员工的信任。

但是，它也有比较明显的缺点：相对比较复杂，比较耗费成本和精力。在评估过程中，评估人员难免会对一些岗位缺乏充分的认知，或者带有主观判断，所以公平性和准确性往往会打折扣。并且，这种方法在开发期比较复杂，管理成本比较高，更适用于大中型企业。

要素点值评估法：大中型企业热衷的选择

所谓要素点值评估法，就是从多个维度，选出对大多数岗位来说非常重要的要素，利用这些要素，对岗位价值进行量化评估。

要素点值评估法看起来和因素比较评估法很像，二者都是通过选择要素、评估打分、汇总得分来衡量岗位价值。不过，二者在实际操作中存在很多明显的区别。

第一，要素点值评估法不用将总分分解到各要素环节，也不需要选择用于比较的标杆岗位。

第二，要素点值评估法通常将核心的评估要素分为知识、责任、技能、工作强度和工作环境5个维度，每个维度都有大量的评估要素，如表6-7所示。

表6-7 要素点值评估法的常用评估维度和因素

常用评估维度	常用评估因素
知识	专业要求、学历要求、专业知识广度、管理与运用知识的能力
责任	经济效益、风险管控、成本费用管控、指导监督、内外协调、组织管理
技能	技能等级、熟练程度、工作经验、工作灵活性、技能复杂程度
工作强度	体力劳动强度、脑力消耗程度、复杂程度、加班频率、工作紧张程度
工作环境	工作地点稳定性、工作环境潜在危险性、职业病风险、工作时长

第三，相较于因素比较评估法，要素点值评估法的流程更多，也更复

杂。要素点值评估法，通常需要对所有评估维度、所有评估因素的等级、标准、定义和评价权重，有一个较为明确的划分，如表6-8所示。

表6-8 要素点值评估法的具体应用

评估维度	评估因素名称	评估权重	评估因素定义	等级	评估因素评价标准	点数分值
知识维度	对专业知识的要求	10%	指从事本岗位所需要的专业知识和学历水平	1	接受过专业知识训练，并掌握相关的专业知识，有运用相关专业知识的能力	10
				2	系统地学习过相关专业知识，达到中专或以上专业水平，并有运用相关专业知识的能力	30
				3	学习过本专业及其相关学科的知识，达到专科或相当于专科的专业水平，并有熟练运用相关专业知识的能力	60
				4	深度学习过本专业及其相关学科的知识，达到本科及学士学位或相当于本科及学士学位的水平，并有运用相关专业知识的能力	80
				5	系统钻研过本专业及其相关学科的知识，达到研究生或相当于研究生的水平，并有将研究成果或方法运用到工作中的能力	100

要素点值评估法的操作流程很明确，主要分为4步：（1）定维度，定因素；（2）给各因素下定义；（3）给各个维度和因素定权重；（4）给各因素划等级，定点值。

第一步，定维度，定因素。

岗位价值评估，是对相对价值的一种衡量手段。维度和因素不同，往往会导致评估结果产生差异。鉴于此，要素点值评估法明确地强调维度和因素的重要性。

为了避免企业在维度和因素上产生分歧，要素点值评估法对这两项内容作出了较为明确的规范。一般而言，要素点值评估法最常用的维度有知识维度、责任维度、技能维度、工作强度维度、工作环境维度5大类。

在每个维度中，我们还需要选择适合企业的不同评估因素。这些评估因素应具有很强的普遍性，比如，“责任”维度中常用的评估因素包括经济效益、风险管控、成本费用管控、指导监督、内部协调、外部协调、工作结果、组织人事、法律责任、决策的层次等。

一般情况下，从每个维度中筛选出5—10个因素最为合适。当然，具体的因素选择，往往是需要根据公司和岗位的具体情况，通过分析和比较之后，才能确定的。

第二步，给各因素下定义。

确定维度和因素后，还需要对每一个因素进行定义，让评估人员对各个因素有一致的理解。比如，在“工作强度”维度中，一个重要的因素是“工作紧张程度”。它的定义可以是工作节奏的快慢，也可以是注意力的集中程度，还可以是岗位的工作量和时间限制等。因为每个人对“工作紧张程度”的理解和判断往往是不同的，所以很容易出现对因素判断的偏差，影响最后的评估结果。

对因素进行定义，正是为了减少这种“理解偏差”给评估带来的影响。“下定义”虽然重要，但在实际操作中，很容易被人们忽视，或只是简单地走过场，不了了之，在不知不觉中使岗位评估产生误差。所以，在具体执行时，我们需要格外留心。

第三步，给各个维度和因素定权重。

完成因素的定义后，就要确定各因素的权重。对岗位价值影响越大的因素，其权重越高，反之则越低。

需要注意的是，单个因素的权重最高不宜超过30%，最低不能小于5%。单个因素权重太高，会失去多因素比较的价值；单个因素权重太低，就必须考虑这个因素有没有参与评估的价值，若没有必要，就不用纳入评估范围。

比如，甲公司在“知识与技能”维度的权重定为35%，主要考虑“知识技能要求”“工作复杂性”“改造与创新”3个因素。它们的比重分别为15%、10%、10%。这个权重比说明，在“知识与技能”维度，这家公司很注重均衡，3个要素的差距不大。在此基础上，这家公司最看重的是岗位的“知识技能要求”。

第四步，给各因素划等级，定点值。

确定各因素的权重之后，还需要把每一个因素划分为不同的等级。还以甲公司为例，它将每个因素都分为5个等级，并进行了清晰的界定。甲公司对“工作复杂性”这个因素的等级划分如下：

1级，工作简单，完全能独立完成。

2级，只需要简单的提示即可完成工作，不需要制订计划和独立判断。

3级，偶尔需要进行独立分析判断和计划制订。

4级，工作多样化，并对灵活处理问题的要求较高，经常进行独立分析判断、计划制订，需要极强的应变能力。

5级，非常规性工作，需要在复杂多变的环境中处理事务，需要极强的分析判断、计划制订和应变能力。

明确划分各个因素的等级，是为了方便接下来进行打分，也是为了将具体的点值放入相应的因素等级中。

通常来说，点值的大小，需要参考企业的规模大小和岗位的多少。岗位越多，点数越大；岗位越少，点数越小。这样可以更准确地反映出职位之间的差距。如果岗位少，点值大，可能出现“断层”现象；如果岗位多，点值小，大量岗位可能堆积在同一点值范围，很难比较它们的价值大小。

确定好总点值后，再将总点值按照权重比例分配到各个维度和因素中，这些点值最终将落在具体的等级上，以便评估人打分。

比如，甲公司确定的点值总数为1000，“工作强度”维度的比重为

35%，那么，这个维度的点值就是350；“工作复杂性”这个因素的比重是15%，那么，其点值就是150。

甲公司对“工作复杂性”因素的5个等级的划分分别是：1级30分，2级60分，3级90分，4级120分，5级150分。

如此一来，各个因素的点值就一清二楚，可满足不同等级的员工的需求。达到5级的岗位获得满分，也就是说这个岗位的“工作复杂性”在公司达到了最高的程度。得到每个评估因素的分值，就可计算出岗位评估的总分。譬如，甲企业在某次评估中，采用要素点值评估法得到的A、B、C、D4个岗位的总分分别为740分、570分、630分、850分，那么这些岗位的价值排序就是岗位D＞岗位A＞岗位C＞岗位B。

这就是要素点值评估法，它最大的特点就是，可通过不同维度和要素的点值高低，实现岗位评估的量化。得出的结果以具体的数值呈现，不仅准确可靠，而且一目了然。这也正是它广受欢迎的原因。

不过，相应地，它也是最耗时耗力的评估法。小微企业往往经不起这样的“折腾”，也没有必要搞得这么复杂。所以，这种方法往往在那些岗位较多、情况复杂的大中型企业更能发挥出价值。

事实上，要素点值评估法不仅是某一种具体评估法的名称，更是一大类使用多维度、多要素进行数值量化的岗位评估法的总称。除了上面介绍的这种方法外，市场上还有一种更流行的要素点值评估法，那就是美世国际职位评估法，下文将做详细介绍。

美世国际职位评估法：“国际范”十足的评估方法

美世国际职位评估法是目前市场上用得最多、最流行的评估方法之一。这套评估方法历经几十年的发展，目前已经进化到第三代。

从实际效果来看，美世国际职位评估法更适用于一些大中型企业，尤其是一些跨区域、跨国的组织。对于一些人数较多、规模较大的企业来说，美世国际职位评估法也能帮助它们很好地梳理职级、薪级体系，衡量岗位价值。

最新一代美世国际职位评估法共有“4+1”个因素。所谓“4+1”个因素，就是4个必备因素（影响、沟通、创新、知识）和1个可选因素（危险性）。

“影响”因素主要考虑岗位在职责范围内所具备的影响性质和范围。该因素主要分为3个维度，即组织规模、岗位在组织内部的影响层次、岗位的贡献大小。

“沟通”因素着眼于岗位所需的沟通技巧，关注其最为困难和最具挑战性的沟通类型。该因素主要分为2个维度，即沟通性质和沟通情景。

“创新”因素力求挖掘岗位的创新水平，明确岗位所需的创新力及创新的复杂程度。该因素主要分为2个维度，即创新能力、创新复杂性。

“知识”因素的重点在于找到岗位达成目标和创造价值所需的知识。这里说的知识，可以来自学校教育，也可以来自工作经验。该因素主要分为3个维度，即知识广度、知识深度、所扮演的团队角色。

“危险性”因素是一个可选项，主要是评估岗位在工作中所处的工作环境的舒适性以及危险性的级别。该因素主要分为2个维度，即工作环境、工作危险性。

“美世”国际职位评估法将“4+1”个因素分为“10+2”个维度，再进一步分解为“63+7”个刻度，形成总分值为“1210分+35分”的评分结果，并将最终的职位等级结果划分为48个级别。

“美世”的评估因素、维度和刻度看上去纷繁复杂，但实际用起来很简单，只需要按照其规范的步骤和流程，一步步进行操作即可。对于每一步的具体操作，“美世”都作了极为详细的划分和说明，并制订了相应的参考表。设计人员完全可以按照流程和表格完成评估工作。（关于这部分

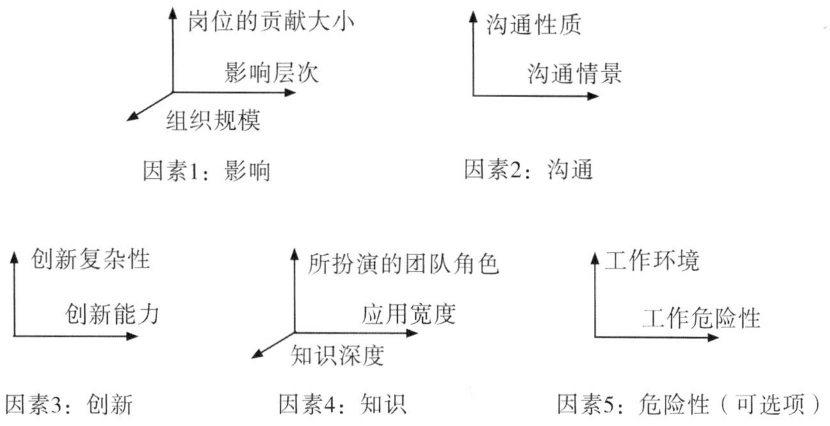

图6-1　美世国际职位评估法

知识，笔者在另一本书《成也薪酬，败也薪酬——从入门到精通的四维薪酬设计全案》中做了极为细致的介绍，感兴趣的读者可以阅读此书。）

在这里，笔者举一个例子，某服务企业用美世国际职位评估法，对市场部经理岗位进行了评估，参考美世国际职位评估表和基本流程，实施了以下5个步骤。

第一步，该企业结合相应的参考表，对“影响”因素的各个维度进行评估。首先，根据“组织类型与倍数对照表”确定其倍数为“20”；其次，根据企业年营业额3000万美元，利用倍数“20”，得到其规模为3000万美元×20=6亿美元，对应级别为“5”；再次，根据该企业员工人数67人，对照人数表，得到其等级为“4”；最后，按照美世国际职位评估法的规定，将企业规模等级和人数等级相加再除以二，得到结果为4.5，按照“侧重经济表”的原则，最终组织规模的级别为“5”。

结合市场部经理的情况，该企业判断其影响层次达到“战术性”级别，所以定为“3”。根据企业市场部经理“直接并清楚地影响行动路线，导致结果的取得”，认为其贡献为“直接”，层级分值为3分。再根据“影响层次与贡献分值简表”，得出其影响级别程度为“9”。

基于影响级别程度“9”和组织规模级别“5”，根据“影响因素分值表”，得出市场部经理的“影响”因素分值为123分。

第二步，该企业结合相应的参考表，对“沟通”因素的各个维度进行评估。首先，该企业根据“沟通性质与沟通情景表”，对市场部经理的沟通进行评估，认为其需要“说服他人接受完整的方案或计划”，因此沟通性质为“商议”。其次，根据“沟通性质与沟通情景表”，认为市场部经理需要“与组织外部目标或角色有根本性冲突的人或团体进行沟通”，因此沟通情景为“外部分歧的利益”。最后，基于沟通性质“商议”和沟通情景“外部分歧的利益”，并结合“影响层次与岗位的贡献大小”简表，得出市场部经理的“沟通”因素分值为100分。

第三步，该企业结合相应的参考表，对“创新”因素的各个维度进行评估。首先，该企业根据“创新能力与创新复杂性表”，判断市场部经理的创新需要“改善整个现有的流程、体系或方法，作出重大改变”，因此创新能力应为“改善”。其次，根据“创新能力与创新复杂性表”，认为市场部经理的创新“需要在许多方面做广泛的分析”，因此创新复杂性应为“复杂的”。最后，基于创新能力“提升”和创新复杂性“复杂的”，并根据“创新因素分值表”，得出市场部经理的“创新”因素分值为75分。

第四步，该企业结合相应的参考表，对“知识”因素的各个维度进行评估。首先，该企业根据“知识因素表”，认为市场部经理需要有“宽广的技术知识，需要与一个专业领域技术性或职业道德水平一致”，因此知识深度定为“专业水平”。其次，该企业认为市场部经理属于市场部负责人，属于“领导一个团队，团队内有三个人以上”，因此所扮演的团队角色应为“团队领导”。再次，由于该企业仅面向国内，因此该市场部经理的应用宽度应为“本地”。最后，基于知识深度“专业水平”、所扮演的团队角色“团队领导”和应用宽度“本地”，并根据“知识因素分值表”，得出市场部经理的“知识”因素分值为148分。

第五步，根据前面得到的各因素分值，结合美世国际职位评估法的“总分值计算表”，该企业计算出市场部经理的岗位价值总分值为123+100+75+148=446分。在得出总分值之后，根据“分值与职级转化表”，最终得出市场部经理岗位的职位等级为“56”。

美世国际职位评估法实质上是一套打分系统。其4个主要评估因素指向的是岗位本身的内涵和外延，其维度和刻度也是在这一基础上的定性和定量。所以，用美世国际职位评估法评估的结果更多地体现为企业对岗位自身的要求。

美世国际职位评估法认为，一个岗位的价值和重要程度，取决于对该岗位任职者的多角度要求。比如，生产经理和操作员，谁对业绩的影响更大，谁应该具备更多的知识，谁应该拥有更复杂的能力，谁更需要沟通和协调能力，等等。对这些因素进行综合判断和评估，就能形成生产经理和操作员的“画像”，由此推断生产经理和操作员“孰重孰轻”。

美世国际职位评估法的出现，弥补了市场上大多数评估方法的不足，广受企业欢迎，成为国际上最流行的评估方法之一。不过，美世国际职位评估法固然优势明显，也并非十全十美的。

它的“国际范”让它畅行130多个国家，但是在本土应用上，有时候却稍显逊色。特别是进入中国时，它有些“水土不服”。很多国内企业没有对美世国际职位评估法进行改良，或者有些不恰当的应用，生搬硬套，往往浪费大量金钱和时间，还可能影响企业内部的薪酬机制的运行。

由于其评估因素的出发点是岗位自身要求，并且具有一定的外部参照性，因此，美世国际职位评估法往往更适用于高度市场竞争型企业，而对于一些稳定型企业来说，可能适应性要弱一些。

最后也是最重要的一点。在使用美世国际职位评估法时，一定要注意企业规模。如果忽略了企业的规模和人数因素，那么可能一个有上万名员工的大企业的老总，和一个仅有几十名员工的小企业的老总，在评估结果上看起来差不多。但实际上，两者之间的差别是巨大的。

海氏岗位价值评价法：一个公式打天下，走到哪里都不怕！

海氏岗位价值评价法，也叫“海氏三要素评估法”“海氏岗位价值评估系统”。海氏岗位价值评价法认为，岗位的评估因素可以分为3类，分别是知识水平和技能技巧、解决问题的能力、承担职务的责任。

每一个评价因素，又分别由数量不等的子因素构成，通过评价量表进行评估，最后将评估所得分值加以综合，算出各个工作岗位的相对价值。

海氏岗位价值评价法与其他评估方法的最大区别在于，它自带一套可以计算岗位价值的公式：

$$\textbf{职位评价得分} = aA(1+B) + bC$$

在这个公式中，A代表“知识水平和技能技巧”的分数，B代表“解决问题的能力”所占的比重，C代表“承担职务的责任”的分数；a代表“知识水平和技能技巧”“解决问题的能力”两者所占的比重；b代表“承担职务的责任”的比重。

a和b所代表的2个部分，共同形成了一个岗位的价值。两者权重比例相加，正好等于1。在分配两者的权重时，需要考虑该岗位的“能力”和“责任”孰轻孰重。

比如，一个公司的副总裁，其责任可能比能力更重要。所以，他的责任占比就更高，也就是b的比值更高，往往为60%—70%；而他的“知识水平和技能技巧”“解决问题的能力”占比相对就要低一些，也就是说，a的数值较低，可能只有30%—40%。

海氏岗位价值评价法进一步将3个主要因素进行了细分：“知识水平和技能技巧”这个因素分为专业知识技能、管理技巧、人际关系技巧3个子因素；“解决问题的能力”分为思维环境、思维难度2个子因素；“承担职务的责任”分为行动自由度、职务职责、职务对结果产生的影响3个子因素，一共有8个子因素。

并且，对于不同的子因素，海氏岗位价值评价法进行了细致的等级区分和说明，并制订了指导量表。

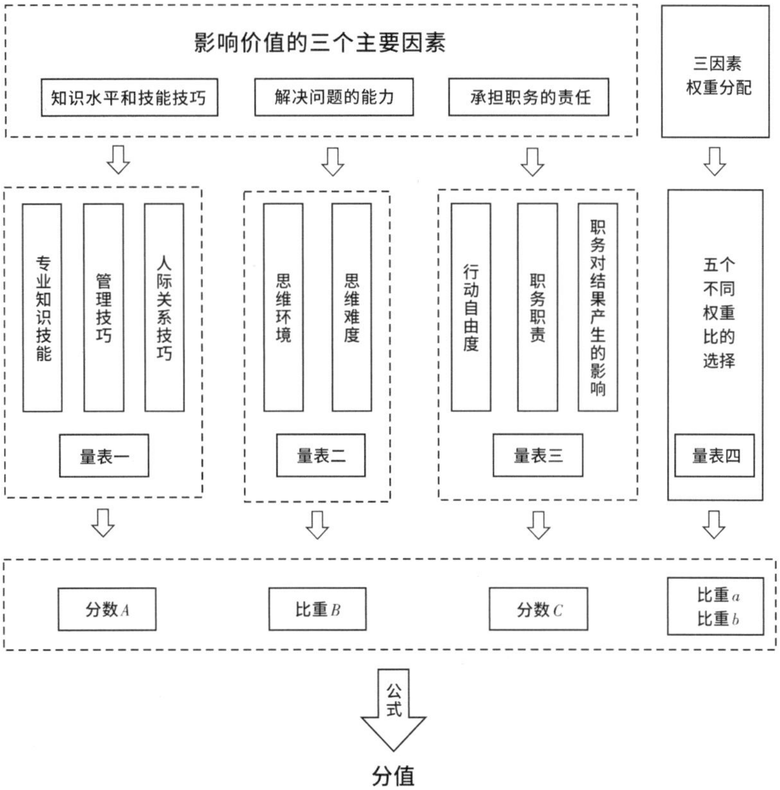

图6-2　海氏岗位价值评价法

我们只需要根据指导量表中对应的等级和说明，将岗位对号入座，转换成具体的数值，再按照各部分所占的比重，得出A、B、C和a、b5个数值，套入公式计算，就能计算出岗位的价值，如图6-2所示。

比如，某企业采用海氏岗位价值评价法，评估营销总监岗位的价值。

首先，该企业参考海氏岗位价值评价法，对“知识水平和技能技巧”维度的3个子因素进行评估，得到营销总监岗位的对应等级为：专业知识技能达到“F”等级，具备“熟悉专门技术”；管理技巧达到“C”等级，具备“多样的”管理技巧；人际关系技巧达到“C”等级，掌握“关键的”人际关系技巧。根据这3个子因素所达到的等级，该企业结合“海氏岗位评价量表”，得出该营销总监的“知识水平和技能技巧”分数A=608分。

其次，该企业对“解决问题的能力”维度的2个子因素进行评估，得到营销总监岗位的对应等级为：思维环境达到“F”等级，即“有广泛规定的框架，某些方面有些模糊、抽象”；思维难度达到“D”等级，即“适应性的”这一水平，也就是说，其思考问题往往需要根据“变化的情形要求分析、理解、评估和构建方案”。根据这2个子因素，结合相应的“海氏岗位评价量表”，可以得出营销总监在“解决问题的能力”维度所占的比重B=57%。

接着，该企业对“承担职务的责任”维度的3个子因素进行评估，得到营销总监岗位的对应等级为：行动自由度达到“F”等级，即该岗位的行动具备“方向性指导”；职务职责等级达到“C”等级，具备“中等的”职务职责；职务对结果产生的影响达到“D”等级，即其工作对结果会产生“主要的”影响。根据这3个子因素，结合相应的“海氏岗位评价量表”，可以得出营销总监在“承担职务的责任”维度的对应分数C=460分。

最后，该企业根据营销总监实际的工作情况，认为其“责任”的重要性略高于岗位对“能力”的需求，于是确定a为40%，b为60%。于是，该企业将评估得到的A、B、C、a、b这五项数据代入公式“$aA(1+B)+bC$”，得到营销总监的岗位价值为40%×608×（1+57%）+60%×460≈657.8分。

仔细观察，我们不难发现：**“海氏三要素”中，知识水平和技能技**

巧、解决问题的能力、承担职务的责任分别对应着一个岗位的工作投入、工作过程和工作产出3个核心环节。

对这3个因素进行评估，实质上正是对工作投入、工作过程和工作产出的全流程评估。海氏岗位价值评价法认为，从岗位流程的角度看，完成一项工作，必须有知识技能的投入，运用思维能力，解决工作中的问题，承担起岗位的责任，才能有所产出。

如此单刀直入，正好切中岗位价值的“要害”，能够很好地展现岗位在整个生产经营管理流程中的价值，也恰好可以评估那些价值差异较小的岗位。这一优点，使得海氏岗位价值评价法自诞生起，就一直受到全球企业的追捧，在众多岗位评估方法中脱颖而出。

不过，随着现代企业的发展，海氏岗位价值评价法也遇到了“烦恼”。从岗位作业流程的角度提取因素进行评估，是海氏岗位价值评价法最大的优势。可如今，越来越多的企业逐渐打破了固定的岗位作业流程模式。对这些企业来说，这种评估法可能不那么有效了。比如，在IT行业，海氏岗位价值评价法的应用，就有很大的局限性；而在一些新兴行业中，海氏岗位价值评价法也可能遭遇同样尴尬的境地。

除此以外，对于岗位流程的硬性评价，缺乏一定的灵活性。比如，对岗位工作不饱和、岗位设置不合理等情况，海氏岗位价值评价法缺乏判断力；而对岗位具体的操作过程和岗位的客观表现，海氏岗位价值评价法同样无法评估。

在这里，我们有必要对比分析海氏岗位价值评价法和美世国际职位评价法。美世国际职位评价法和海氏岗位价值评价法作为全球通用的两种评价方法，关于它们的争论，其实从未停息。

海氏岗位价值评价法注重的是生产经营管理的内部流程，其因素的选择也是从生产的投入、过程和产出结果中选取的，这使得它有一个最为明显的优势，那就是和企业的契合度高，能够充分体现员工在工作流程中的价值。海氏岗位价值评价法对内部公平的拿捏要好过美世国际职位评价法。

不过，相应地，由于其过分注重内部流程，而忽视了外部价值的衡量，所以评估出来的结果可能会和市场薪酬水平存在出入，导致对外部人才的吸引力不足。

此外，两者在使用范围上也有区别。一般来说，**海氏岗位价值评价法更适用于一些传统的大型公司，美世国际职位评价法则更适用于一些竞争性企业和非传统行业。在具体的岗位区分上，美世国际职位评价法更适用于一些管理导向型岗位，而海氏岗位价值评价法则在技术、知识型岗位中更有优势。**

关于海氏岗位价值评价法及美世国际职位评价法的具体操作及数据量表，在笔者的另一本书《成也薪酬败也薪酬——从入门到精通的四维薪酬设计全案》中有详细介绍，感兴趣的读者可自行购买。

当然，这些都是笔者个人的经验总结。具体使用哪种方法，企业需要根据自身的情况进行确定。无论国际知名的美世国际职位评估法、海氏岗位价值评价法，还是大中型企业热衷的因素比较评估法、要素点值评估法，抑或适合小企业的排序评估法、分类评估法，甚至是另辟蹊径的市值评估法，都各有优缺点，不能简单地一概而论。

企业在选择评估方法时，一定要根据自身的情况进行匹配。尤其是海氏岗位价值评价法、美世国际职位评价法这类全球性方法，为了兼顾更多企业，它们在设计之初往往会对某些概念表达得比较抽象或者对内容进行了提炼，所选取的因素也往往是高度凝练的。为适配自身的情况，企业通常需要对评估方法进行微调，化“国际范”为“本土化”，这样才能在自己的公司里更好地落地执行。

很多企业在这方面缺乏专业性，因此无法独立完成评估工作，就需要求助于外部的专业管理咨询公司或专家团队。

有时候，企业无法确定评估方法时，可以采取“先试点，再选择”的方式，在企业内部对多种方法进行试点实验，再结合对试点结果的分析，得出各类方法与企业自身的匹配程度，最终确定评估方法。方法是死的，人是活的，企业在选择评估方法时，一定要灵活变通，要以自己的实际情况和切实需求为第一出发点。

当然，由于市场环境的复杂性和不确定性，企业经营管理时时刻刻都在发生变化，面对新形势、新情况、新问题，岗位价值评估的方法也需要不断创新。特别是当企业的战略发生变化，阶段性战略目标发生变化，经营方向调整与管理变革，或者是全员薪酬年度普调的时候，企业中某些岗位的价值与意义就会随之发生改变，企业必须重新做一次岗位价值评估。笔者在二十多年间服务了大大小小数百家企业，针对各个岗位价值评估方法的优缺点，以及企业发展与变革中面临的问题，整合开发了一套岗位价值评估系统软件，M公司也应用了这套岗位价值评估系统软件，建立了完善的岗位价值评估体系，为后面的薪酬设计打下了坚实的基础。欢迎各位读者通过微信扫描作者【瀚霆方法论】的二维码获取该软件。

02 从职级、薪级着手，设计员工专属的基本工资

岗位价值评估是薪酬设计的起点。只有明确了岗位的价值，我们才能衡量员工创造的价值。因此，**岗位价值评估被视为薪酬设计的重要支撑。通过岗位价值评估，我们可以明确企业的职级、薪级，形成岗位价值矩阵，帮助企业构建属于自己的基本工资体系。**

不过，在此之前，我们还要解决一个重要的问题：评估的结果到底如何转化成职级和薪级？

上一节我们讲到的众多评估方法中，除了适合初创公司的排序评估法外，其他方法最终得出的结果都是数据。其实，借助一定的技巧，排序评估法的结果也可以转化成可衡量的数据。

通过对数据进行整合、比较和排列，我们就能将数十甚至成百上千的岗位，按照一定的标准和区间，划分为不同的等级，这就是设计职级、薪级体系的基本逻辑和思路。

在这个过程中，要解决的关键问题是：划分标准如何确定，区间如何选择，如何把岗位放在合适的位置。只要解决了这3个问题，我们的职级和薪级设计也就呼之欲出了。

职序、职级体系

只要有岗位的地方，就会有类别和等级的区分，这是由工作内容、组

织架构和企业发展的客观规律决定的。

尤其是在一些大中型企业中，一个组织内往往有数十甚至上百个岗位，每个岗位上都有大量的工作人员。如果对岗位和人员不加区别，我们就很难评估他们真正的价值，也就很难实现高效的激励，甚至企业在薪酬、福利、管理等方面的一系列措施都将面临失效的风险。

岗位价值评估的意义在于，将所有不同类型和等级的岗位按照统一的方法、标准、流程和原则进行评价，相当于给所有岗位来了一次“大体检”。

在统一的方法、标准下，所有岗位的价值都可以得到有效的衡量，也就有了可比较的空间。在此基础上，企业就可以梳理自身的职位族和职级体系。

职位族，也称职位序列、职位系列（简称“职序”），就是把企业中工作性质相似、激励方式相似、任职素质要求相似的岗位汇总起来，划分为同一种岗位类型。

阿里的P序列、M序列，腾讯的P族、T族、M族，华为的管理类、通用类、营销类、技术类、生产类、研发类，以及众多企业在使用的技术类（P）、营销类（S）、管理类（M），都是对职位族的划分。前文中我们针对M公司提出的核心价值创造者、直接价值创造者、价值创造保障者，其本质也是对岗位和人员进行序列区分。

将数量众多的岗位划分到不同的职位族，不仅可以让管理者清晰地了解企业岗位的分类情况，更能够帮助企业梳理职位与薪酬的对等关系，明确企业在价值创造方面的关键点和重点，找到薪酬激励的出发点和着力点。

如果将销售岗位、技术岗位和管理岗位混为一谈，用针对销售的方式激励技术人员，用针对技术的方式激励管理人员，用针对后勤管理的方式激励销售人员，就会把企业管理搞得一塌糊涂，让整个薪酬激励方案彻底失效。

在前面的章节里，我们将M公司的价值创造者分为3类，从本质上来说，这恰恰是对员工职序的一种甄别和划分。这样做的目的是，在组织内形成一套有效的企业管理语言系统，避免将销售人员的价值和研发人员的价值混淆，避免用管理人员的价值去衡量生产人员的价值。只有避免“鸡同鸭讲”，我们对员工价值的判断才会更加清晰和明确。

我们对M公司的职序划分，就是基于价值创造者的标准来分类进行的，共分为4个序列，分别是管理序列、技术序列、销售序列和专业序列。

一般来说，刚开始划分职位序列时我们得到的岗位价值往往是模糊的，甚至是混乱的。因此，在同一个职位序列中，我们还需要对各个岗位的等级进行明确的区分，也就是划分职位等级，俗称“职级”。

职级，是指在同一职位族（比如销售序列）中的层级高低情况。职级的划分比较简单，根据岗位价值评估的排序结果，结合企业、部门和岗位的实际情况，把价值相似或相近的岗位划入同一职级即可。

常见的职位等级有助理级、专员级、主管级、经理级、总监级、总经理级。当然，很多公司有自己的职级称谓和划分方式。

判断职级划分是否合理，主要看以下3点。

第一，同一职级的员工，往往在工作的价值产出上具备相似性或相近性，如果价值产出的差距过大，就说明其职级划分存在一定的问题。

第二，同一职级的员工，薪酬收入的差异往往不会过大，尤其是基本工资。比如，同为专员级员工，薪酬收入基本维持在同一个水平上；主管级员工的薪酬水平会高于专员级员工，处在另一个区间；而经理级员工的薪酬水平又会高于主管级员工，处在更高的区间。

第三，同一职级的员工，其称谓或头衔往往是相近的，比如，无论是文案、财务还是人资，只要是专员，大抵在同一职级，即便因为公司差异或侧重方向不同，存在一定的职级差异，这种差异往往也不会太大。

M公司的职级设计也是基于这个标准，只不过对每个序列的职位等级进行了岗位名称设计，这样既便于区隔，又保证了员工发展通道的顺畅，比如，技术序列的岗位名称设计为技术员、助理工程师、工程师、副高级工程师、正高级工程师、资深工程师六个等级。需要关注的是，大型企业由于业务链比较长，职序分类相对多且细，这时候，就需要让各个序列的职级相对应，形成一个整体，比如，M公司技术序列的资深工程师就相当于管理序列的总监。

职序、职级关乎员工的“里子”和“面子”

职序、职级的确定，对于薪酬设计来说是极为重要的环节。它除了可以帮助我们明确各个岗位和员工的薪酬等级，帮助我们设计薪酬体系，更重要的是，还关系着员工的“里子”和“面子”。

前文提到过，员工在工作中不仅渴望获得物质上的保障和满足，同时也渴望获得非物质的激励和精神上的满足，也就是我们说的“里子”和“面子”。

在职序和职级的划分中，企业实际上要明确两件事情：第一，将员工摆到什么位置上；第二，将员工摆到什么高度上。前者由职序决定，后者由职级决定。

在一些企业中，由于职序、职级的调整，其组织架构、岗位名称也会相应改变，员工的称谓、待遇等也会有所改变。

在这个过程中，随着职序、职级的调整，薪酬激励方法也会随之改变，以满足员工对“里子”的追求，也就是让员工知道自己处于什么位置和高度，可以获得多少薪资，可以获得哪些福利、津贴，甚至是能获得多少股权和分红。

很多公司对于不同职级的待遇是有明显区别的。比如，在一些公司中，如果达到一定职级，就能获得独立的办公空间，或者个人独立的办公室；一些企业会按照职级区别，给予员工不同的待遇，例如，逢年过节时送上不同等级、有所区分的过节礼物和祝福话语；一些企业甚至会按照职级划分，将不同的权力下放，让不同等级的员工有不同的满足感和获得感。

实际上，在大多数企业里，不同层级的员工的职业发展通道、职业规划、责任匹配、受到礼遇的程度、被尊重的程度，甚至连最简单的称谓、与同事的关系等，都是不同的，而这些往往是员工极为重视的“面子”。

除此以外，员工关心的“面子”问题，有时也来自企业外部：员工在茶余饭后与亲朋好友谈论时，一个高层次的职位，一个响亮的称谓，往往能使他有“面子”。而这些都会在精神上给予员工工作动力。

比如，M公司的销售序列就如大众认知的一样，从经理起步，其次是总监、总经理，就是典型的借助称谓去满足员工的“面子”心理。

这一切正是由职序和职级带来的。因此，在进行薪酬设计之前，企业最好先梳理好自己的职序、职级体系。很多时候，**职序、职级的排列与划分可以帮助我们更好地解决“钱”的问题，甚至可以让我们在不花钱或者少花钱的情况下，更加有效地解决员工的动力问题，提高他们的工作效率。**

薪级体系

薪级是“薪酬等级”的简称，是指按照薪酬水平，将相同或相近的岗位纳入同一个等级的薪酬体系。它要求把价值相近的岗位，划入同一个薪酬层级，以便于薪酬等级的管理。

最初，企业并没有薪级的概念。薪酬的发放完全按照岗位来确定，企业会为每个岗位确定一个薪酬数额，按照岗位规定的数额发放工资。

这种方法既简单又直接，在一段时间内收获了不错的效果。不过，随着大中型企业的崛起，组织内的岗位越来越多，这种方法就逐渐难以维系了。

于是一些企业开始按照职级付薪：处在什么职级，就能拿什么样的薪酬。最典型的是一些国有企业，它们将员工分为科员级、副处级、处级、副局级、局级等，其薪酬、福利、待遇等大都按照职级高低进行划分。

不过，这种薪酬计算方式有一个致命的缺点。试想一下，谁的职位更高、官位更大，谁就能拿到更高的工资，无形中就是在告诉员工：大家一起“往上爬”，一起追求“功名”和“地位”。

结果往往是企业内部“官僚主义”盛行，员工都希望做“大官”，挣“大钱”。同时，企业对于员工价值的衡量也会发生扭曲，变成“乌纱帽”的比较。

于是，薪级出现了。薪级是指通过岗位价值评估，按照岗位价值评估结果，将不同岗位归入对应的等级体系。也就是说，**薪级不同于传统的“按职级发钱”的形式，它是在岗位价值基础上形成的付薪依据。它的本质是为岗位价值付薪，而不是为职位等级付薪。**

通常来说，薪级只受岗位价值评估结果的影响。岗位价值越高，薪级越高；岗位价值越低，薪级越低。

因此，我们经常看到这样的现象：一些职位等级略低的岗位，其薪级却比职位等级高于自己的岗位高，出现了下级的薪级高过上级的情况。这不是“薪酬倒挂”，而是由岗位价值决定的。

前面我们提到，岗位价值评估结果最终都会被量化成分值。不同的岗位处在不同的分值区间。通过对分值区间的划分，我们就能将价值评估结果相近的岗位划分为同一薪级。

在这个过程中，我们需要坚持一项非常重要的原则：**基层岗位的分值区间要小，高层岗位的分值区间要大。**

因为越是处在高层岗位的员工，其能力增长带来的价值变化的时间越长，晋升所需要的时间就越久。分值区间应该体现这一难度的增长过程，所以划分的区间应逐渐变大。

M公司的岗位价值分值区间差额从低等级的20分开始，到高级的100分以上，最高级区间差额甚至超过200分。

此外，在进行薪级划分时，我们还需要注意以下几个问题。

（1）能否有效区分出岗位的薪级？比如，从感知上来讲，行政专员与审计师的薪级应有所区别，实际划分的薪级能否体现出这种区别？

（2）是否出现较多“空薪级”的情况？空薪级是指在某一薪级上没有任何岗位。适量的空薪级，可以为组织发展中某些岗位员工的晋升、发展预留通道，起到积极促进的作用。但是，如果空薪级过多，则说明薪级设计脱离实际，可能会造成资源浪费和无法管控的后果，从而影响企业效能。

（3）是否适应企业规模？一般情况下，初创企业或员工人数不超过100的企业，薪级不宜超过9级；员工人数在100—300的企业，薪级可设置为9—13级；员工人数在300—1000的企业，薪级可设置为13—15级；员工人数超过1000的企业，薪级可设置为15—18级；集团型企业，包括事业部制、项目制等企业，薪级可设置为20级左右；若企业包括多个事业部、项目公司，或是业务范围跨洲的国际性集团公司，薪级可设置为24级左右。

（4）是否存在跨度过大或跨度过小的情况？通常来说，薪级的划分都要考虑两点：一是对组织内现有人员的容纳性，二是对员工的激励性。前者是服务当下，后者是面向未来。对于薪级来说，如果满足不了企业当下的需求，就失去了薪酬设计的意义；如果没有面向未来，薪酬就需要适当调整，以免造成资源的极大浪费。因此，薪级的薪酬跨度应尽量适中，符合当下和未来两方面的需求。

岗位价值矩阵

所谓岗位价值矩阵，就是将通过岗位价值评估得到的职序、职级、薪级同时纳入一个矩阵中，形成一份完整的信息表，帮助我们了解岗位价值的基本情况，并为之后设计基本工资提供依据和支撑。

岗位价值矩阵的形式，如表6-9所示。

表6-9　岗位价值矩阵

职级	薪级	销售部	生产部	人资行政部	财务部	市场部	技术部	物流部	电商部
助理级	1	实习生	操作员					仓管员	客服
专员级	2	销售专员	工序组长	专员	会计		质检员（QC）		美工
主管级	3	销售经理			出纳	文案		主管	运营
	4		生产主管	主管		策划			
经理级	5	区域经理					技术经理	专项经理	
	6		生产经理		部门经理	部门经理			
	7			专项经理					
资深经理级	8					企划经理	项目经理		运营经理
	9	大区经理		人资行政部经理					
总监级	10		生产部总监					物流部总监	
	11					市场部总监			电商部总监
	12	销售部总监		人资行政部总监	财务部总监		技术部总监		
总经理级	13	总经理							

通过表6-9，我们可以清楚地知道每个岗位所处的职级和薪级。岗位价值矩阵为进行基本工资设计提供了重要参考依据。

在很多时候，**职级、薪级体系的建立往往是一家企业从“游击队”走**

向“正规军”的重要标志，是一个职业化的过程。

职级、薪级体系构建起企业未来几年甚至几十年的“发展骨架”，其重要性不言而喻。但天下企业千千万，每一家企业的过去、现在和未来都各不相同，所以，**在设置职级、薪级体系时，必须结合企业的实际情况进行优化，使之与企业文化、公司战略等相契合，这样才能为企业发展提供更大助力。**

经过前面的一系列操作，我们重新构建起M公司的职序、职级、薪级，形成了一个以岗位价值为基础的完整的薪级体系，接下来就需要确定每个薪级的基本工资。

03

如何设计企业专属的基本工资？

前文我们提到过，基本工资的设计受制于3个核心因素。

第一个因素是企业的职级、薪级。针对这一点，通过岗位价值评估可以解决。

第二个因素是企业的现实情况、行业水平和发展诉求。这一因素主要决定了基本工资的基数。

所谓工资基数，就是基本工资的量化数额。它可以确定各薪级的具体数额，是决定各个岗位到底值多少钱的参考数据，是一种绝对量的把控。

第三个因素是法律法规的相关规定和要求。

如何获取工资基数？

工资基数的设计具有很强的自主性，可以根据当地薪资水平、行业水平或居民消费水平等，结合企业自身的现实状况、发展诉求来确定。

当然，一些企业为了省时省力，或者已建立了良好的薪酬体系，也可以直接将本企业过往的薪酬数据作为基数。对于经营稳定、薪酬浮动不大的企业来说，这种方案也是可行的。不过，对于经营波动较大、薪酬状况不稳定的企业来说，过往的数据、经验未必是有效的，可能还需要借助其他手段，从企业外部来获取更为有效的工资基数。

从企业外部获取薪酬数据资料的方式有很多，最常见的有两种：一种是从官方组织等的薪酬报告中获取，另一种是从行业市场薪酬数据中获取。关于这些内容，前文已有详细介绍。

通常情况下，外部的专家顾问团队，会通过对行业和相关竞争对手进行调研，得到该行业中岗位的不同分位薪酬数据，主要包括25分位、50分位、75分位、90分位等。

在获取市场分位薪酬数据之后，企业就可以根据自身的发展战略和薪酬策略，结合实际的用人需求、急迫程度、岗位的价值属性和招聘难易度等因素，对岗位薪酬基数进行相应的设置和调整。

比如，某企业通过对市场分位薪酬进行调查，得到各薪级的具体薪酬数额。在此基础上，该企业根据自身发展战略、薪酬水平、薪酬预算和薪酬策略，决定将市场上的50分位薪酬数据作为自身的薪酬基数，并结合岗位价值矩阵表中的薪级和职级，设计了企业的基本工资，如表6-10所示。

表6-10　某企业的基本工资

薪级	1	2	3	4	5	6	7	8	9	10
行业50分位岗位薪酬基数	3000	3500	4000	4800	5800	6900	9000	11600	15100	21100
该企业岗位薪酬	3000	3500	4000	5400	6400	7500	9800	11600	15200	21500

除了以上两种主要的数据来源外，一些大中型企业或上市公司还会采用薪酬包方式，就是薪酬预算与总分值对应，这种方式既科学、专业又严谨、精准。笔者开发的岗位价值评估软件系统就采用了这种方式，其精准度屡试不爽。一些创新型企业也会采用谈判的方式，通过与劳动者的面谈和协商，来确定一个企业和劳动者都能接受的薪酬参数。这些方法各有特点，没有优劣之分，企业可根据自身情况和行业状况进行选择。

如何判断基数合不合理?

无论是根据企业过往数据获取工资基数，还是从外部得到工资基数，我们都会面临一个问题：工资基数是否符合当下的企业需求？

解决这个问题，最好的办法就是对得到的工资基数进行检验。而最好的检验方法，是给各薪级的基数设计一个合理的级幅。

级幅，也叫级幅度，是指相邻两个薪级之间的薪酬幅度差异，即用上一级薪酬减下一级薪酬，再除以下一级薪酬得到的系数。

级幅的差异，实质上反映的是不同薪级之间变化浮动的差异。通过设置级幅，我们很容易发现哪些薪级浮动过大，哪些薪级浮动过小。通过这种比较，我们就能确定薪酬基数中存在的问题。

观察表6-11，我们很容易发现其薪级之间的级幅系数混乱的问题，这就说明该企业的岗位薪酬基数设置不合理。

表6-11　混乱的各薪级级幅系数

薪级	1	2	3	4	5	6	7	8	9	10
基本工资基数	3000	3500	4000	5400	6400	7500	9800	11600	15200	21500
级幅系数	16.67%	14.29%	35.00%	18.52%	17.19%	30.67%	18.37%	31.03%	41.45%	/

通常来说，**合理的岗位薪酬基数，其级幅存在以下三个特点：第一，基本可以覆盖企业当前的所有岗位；第二，充分体现薪级之间的差异性；第三，级幅随着薪级的提高而递增。**

合理的各薪级级幅系数如表6-12所示。

表6-12　合理的各薪级级幅系数

薪级	1	2	3	4	5	6	7	8	9	10
基本工资基数	3000	3500	4200	5100	6300	7900	10000	12800	16500	22000
级幅系数	16.67%	20.00%	21.43%	23.53%	25.40%	26.58%	28.00%	28.91%	33.34%	/

一般来说，基本工资的级幅应为5%—40%，由低级到高级，级幅系数从小到大。若级幅系数低于5%，级别差异太小，不利于通过额度变化来进行激励；若高于40%，级别设计可能太少，不利于通过薪级频次来进行激励。当然，这不是绝对的，可以依据企业的实际情况而定，比如M公司的基本工资级幅整体就处于4%—8%区间，我们把薪酬差别的重点放在了后续的履职津贴和绩效奖金上。

讲到这里，我们对基本工资的设计，思路很明确了。

首先，通过岗位价值评估，划分企业的职序、职级和薪级体系，并形成岗位价值矩阵。

其次，通过对市场水平、行业状况及企业以往的付薪水平的调查与了解，确定合适的工资基数。

最后，根据企业发展诉求、行业状况等因素，权衡利弊，在工资基数的基础上，结合企业的薪级情况确定企业的基本工资。

此外，还有一个十分重要的因素需要考量，那就是我们确定的基本工资必须符合国家以及当地政府的相关法律法规的规定。这是薪酬设计的底线，也是最为重要的原则，是设计基本工资的三个核心因素之一。违背了这一点，一切都是空谈。

因此，在进行薪酬设计之前，最好先了解相关的法律法规，或者向专业律师进行咨询，以保证我们的薪酬设计合法合规，避免出现不必要的麻烦。

到这里，基本工资就设计好了。

在下面的章节中，我们将阐述对履职津贴和绩效奖金的设计。

第七章

搞清员工的工作内容，量身打造履职津贴

之前我们一直在强调一件事情，那就是薪酬方案的成功与否，取决于一个重要的问题：薪酬设计能否反映员工的价值产出。

明确“为价值创造者付薪”的薪酬理念后，M公司薪酬设计的焦点就变成了激励那些真正为企业创造高价值的员工。

事实上，一名员工是否为企业带来了高价值，往往取决于3个重要因素：第一，员工所在的岗位能给他多少施展才华的空间；第二，员工自身的能力是否与岗位匹配；第三，员工适应岗位和工作后，实际表现的优劣。这3个重要因素，也就是我们常说的岗位、能力和绩效，是薪酬设计的重要部分。

在我们设计的“基本工资+履职津贴+绩效奖金”的薪酬体系里，岗位和能力是一名员工履职和完成本岗位工作的主要因素。而绩效则不仅关乎履职能力，还关乎员工最终的输出结果，也就是实际表现，更多地与绩效奖金相关。

设计履职津贴环节中，最关键的有两点：第一，搞清楚员工的具体岗位及其工作任务，也就是明确员工的履职维度与具体内容；第二，搞清楚员工是否具备相应的能力，以及他的能力达到了什么程度，是否与本岗位匹配并能顺利完成履职任务，为企业带来预期的价值。

只有搞清楚这两个问题，我们才能准确分析员工需要做哪些工作，需要具备哪些能力以支撑这些工作，这是履职的内涵，也是履职津贴的

价值。

所谓履职津贴，就是员工完成常规性工作后，给予其的一种常规激励工资，是对员工日常工作的一种犒赏和奖励。员工只要按照岗位说明及任务要求完成日常工作，达成常规目标，就能获得这种薪酬激励。

01

每个人都该有自己的履职任务

在传统观念里，岗位相同或相近的员工，其工作的内容也大体是一样的，创造的价值也差不多。因此，对其采用相同的激励手段，发一样的工资也合情合理。

不过，当我们具体深入每个岗位的工作流程以及员工的具体工作任务中时，便发现这种观点有很大的局限性。尤其是在一些自主性较强或弹性较高的工作中，这样的薪酬设计思维不仅无法真正激励员工，而且很有可能起到反效果。

原因很简单，即便员工的工作性质完全相同，他们的履职情况也很可能不同，计划的任务、完成的标准、达成的目标也可能大有区别。因此，不同员工为企业带来的价值存在很大的区别。为了判断这种具体的价值，我们就要搞清楚每个员工具体的履职维度、内容及目标，具体的履职任务和标准，以及具体的履职情况和条件。

想要弄清楚以上问题，我们就要对员工的履职任务和具体工作内容有一个清晰、明确、具体的了解。这时候，我们通常需要做好两步：第一步，进行履职工作分析；第二步，进行履职岗位研究。

用工作分析，了解员工的履职任务

在企业里，老板有可能会发现这样一种现象：同一个部门的员工，有的人从早忙到晚，经常加班，甚至连喝水的时间也没有，而有的员工却整天无事可做，经常跷着二郎腿，坐在工位上喝茶、看报、刷视频。我们在M公司做员工履职津贴设计调研时，也遇到了类似的情况。

排除个人的工作效率因素，出现这种情况，大概率说明企业的工作安排不合理：一部分员工的工作不饱和，另一部分员工则工作过量。这个时候，企业就需要对各个岗位进行工作分析，找出不合理的部分，进行适当的调整和改变。

工作分析，就是通过一定的方法，搜集员工的工作信息，分析其工作内容，确定员工具体的履职指标，从而明确员工在组织中的基本目标、任务、责任、权利、工作条件、薪酬待遇等情况。在对员工进行工作分析时，我们往往需要关注以下5个关键性问题。

• 员工有哪些具体的工作内容、工作指标？

• 员工需要何种能力（包括脑力、体力、知识、技能等）才能完成其本职工作？

• 员工需要何种条件作为支持，才能更好地做好工作？

• 从公司的角度来看，员工为何需要做这些工作？

• 员工需要在何时、何地完成这些工作？具体的完成指标和评判标准是什么？

搞清楚以上几个问题，是进行履职工作分析的关键。在对M公司进行履职工作分析时，我们主要用到了访谈法、问卷调查法、写实分析法、关键事件法4种方法。

（1）访谈法

访谈法一般以面谈形式进行，就是和员工面对面坐下来交谈，通过交谈来了解员工的具体工作情况。

这项工作一般是由员工的直接上级领导进行。当然，一些企业也会外聘相关专家，帮助企业与员工进行面谈。

我们对M公司的技术研发部门和各事业部门的领导就采用了访谈法进行工作分析，由我们配合员工的直接上司来对员工进行工作访谈。

在进行访谈时，我们先和员工约定好时间，在一个相对安静的环境中，就工作的具体内容进行真诚的沟通，最终就具体的履职模块进行商讨，得出一个令双方满意的结果。履职工作访谈，一般分为3个环节。

第一，访谈前的准备环节。

在这个环节，我们需要做好各项准备工作，比如确定访谈的名单、时间、地点，针对不同的员工设计相应的访谈内容，准备访谈提纲并整理员工的工作信息，明确访谈的流程。

在工作访谈期间，M公司还在内部进行了一些必要的宣传和动员工作，做好价值宣导，避免员工猜忌，预防组织内出现不必要的紧张气氛和波动。

通常，在准备履职工作访谈时，我们需要注意以下7个关键点。

➢面向公司全体做访谈活动的宣传和动员，告诉员工履职工作访谈的目的、作用和意义是什么。

➢对具体的访谈人员，要通过正式的形式，比如以书面或手机信息的形式发出邀请或进行通知。

➢在了解员工的基本信息时，要尽可能全面、具体而丰富，但不能进行主观甚至是偏见式的评价，否则会严重影响领导对下属员工的价值判断。

➢访谈的地点最好是安静、不易被人打扰的，以保证访谈过程持续、不间断。

➢访谈内容需要事先明确，最好制订一份履职维度或履职任务的草案，以供访谈双方讨论和商议。

➢访谈时要抓住核心内容，根据事先准备的提纲进行提问。

➢将访谈内容进行记录，并将记录结果整理形成文件，以便在之后的工作中，对该员工进行相应的履职考核与评价。

M公司履职工作访谈的执行者虽然是各部门的领导或员工的直接上司，但为了保证其专业性以及访谈的效果，我们还邀请了人力资源部门来配合各部门领导的工作。

当然，最好就像我们服务M公司一样，先对公司内参与履职工作访谈的人进行专门的培训和学习，让他们了解访谈的具体操作流程。

第二，正式访谈环节。

前期的准备工作由人力资源部门主导或从旁协助，而正式访谈环节就依赖各部门领导的发挥。

因此，在正式访谈之前，企业最好对各部门领导进行培训，让他们掌握最基本的访谈方法。对于大多数企业来说，最实用的访谈方法是“STAR提问法”。

STAR提问法中的“STAR”是4个英文单词的首字母，这4个英文单词是situation、task、action、result，分别构成4个不同的问题模块。

S：situation，情形。

主要是让员工描述他在工作中遇到的情景、情形和环境，以及日常工作中，他会如何处理这些情景，为什么要这么处理。

T：task，任务。

主要是让员工描述他在工作中的主要任务、次要任务、非常规任务以及极少出现的工作任务，各种任务所占的比重是多少，如何完成这些任务。

A：action，行动。

主要是让员工描述他在各项工作中扮演的主要角色是什么，采取的主要行为是什么，他的工作流程是什么。

R：result，结果。

主要由领导判断该员工的各项工作，最终取得何种结果，对应的指标是什么，判断的标准是什么，带来的成果、后果和价值是什么，作为领导，如何评定这种结果。

在访谈过程中，领导与员工之间出现分歧是难免的。有时候分歧源自岗位说明书的遗漏或访谈材料准备不够完善，有时候分歧源自双方对履职任务的误判或理解偏差。

有分歧并不可怕，只要双方能坐下来开诚布公地提出自己的看法和观点，再进行商议即可消除分歧。在这个过程中，我们需要注意以下5个关键点。

➢为访谈营造轻松的氛围，不要让访谈的气氛变得过于紧张或尴尬，否则会严重影响访谈的结果。

➢引导被访谈者尽可能按照我们设定的计划或提纲进行，如果被访谈者的表达出现跳跃或理解不清晰的地方，需要及时提问，弄清楚他表达的意思。

➢如果被访谈者在描述自己的工作任务或流程时出现过于抽象的表达或不清晰的地方，要尽可能让其具体说明或举例，探明工作的细节。

比如，很多员工在访谈中会谈及“工作很累”“压力很大”“强度很高”，这种抽象的表达不仅不便于理解，而且很主观。在聆听员工发言时，领导就需要引导他对这类主观感受进行解释，比如向员工提问：工作累，体现在哪些方面？压力大，体现在哪些方面？强度高，是指工作量多，还是工作时间紧迫？能否举出一两个具体的工作案例，说明这个情况？

➢不要过多地重复被访谈者的话，一方面会妨碍新信息的获取，另一方面很可能使被访谈者产生被引导的感觉。

➢不要过多地对被访谈者限定报告的范围，不要给被访谈者提过多的建议。如果被访谈者在访谈中向你咨询意见，你可顺势反问。

第三，访谈结束后的整理分析环节。

访谈结束后，还需将员工的访谈结果进行编码、汇总，通过后期的整理、分析，形成各员工的履职任务和履职指标。

在这里，履职任务和履职指标可能是单一的，也可能是繁多的，需要根据员工的具体工作情况和访谈结果来确定。

比如，对于负责流水线生产的工人，他们的工作任务单一，责任范围较小，流程并不复杂。访谈后，我们或许仅针对其主要工作，制订某一两个维度的指标，保证其能完成主要工作即可。

但是，对于负责整个车间生产的主管，他的工作相对复杂，责任范围大，工作流程也更复杂。因此，在与他的访谈中，我们需要注重多个维度的工作任务界定及指标的全面性，以保证我们制订的履职任务可以兼顾他的责任范围内工作任务的方方面面。

访谈法是工作分析中最常用的方法之一，它的优点如下。

第一，和员工当面交谈，容易获得员工的好感和信任，也更容易和员工达成共识，减少分歧，形成一致意见，缓解其工作上的压力和抗拒心理。

第二，从员工那里直接获取信息相对直接、简单，并且对工作的具体内容也有更具体的了解和掌握，方便我们后期的工作分析和履职任务制订。

第三，通过访谈，我们可以更清楚地了解到工作过程中一些更深层次、更具体的工作情况，发现那些不易被察觉的情况和问题，避免在制订履职任务时出现理解的误差。

访谈法也有一定的缺点，比如，具体的访谈环节往往需要各级主管参加，而企业往往需要花费较多的时间和精力对他们进行培训，提升其访谈能力和水平。同时，我们对工作内容的了解来自员工的口述，而有着很强的主观性，因此很多内容可能被有意或无意地扭曲、弱化、夸大，需要我们有较强的分辨力。很多大企业由于下辖的岗位和员工众多，想要调研履职情况，就需要进行大量的访谈，这显然会增加企业的时间成本和费用成本。为了解决这个问题，一些企业在进行访谈的同时，还会采用另一种方法来调查员工的工作情况，那就是问卷调查法。

（2）问卷调查法

问卷调查法就是采用问卷调查的方法来获取工作分析所需的信息，然后对问卷调查结果加以整理、分析，明确员工的工作任务，制订履职任务的一种常用方法。

问卷调查法的关键在于调查问卷的设计。它决定了工作分析的效果，对了解员工的履职工作，有着至关重要的作用。

通常来说，在设计调查问卷时需要注意以下三点。

第一，必须明确想要获得的信息，并将这些信息转化成可操作的问题。

第二，问题的表述必须简洁明了，便于理解。有时为了方便理解，还需要对问题加以解释或说明。

第三，为了避免出现被调查者在填写问卷时敷衍了事的情况，我们需要对问题进行设计，保证问题的逻辑性和可阅读性，提高员工的答题兴趣。

除此以外，我们还需要注意调查问卷的具体形式。一般来说，工作分析的调查问卷由以下几个模块组成：调查目的、基本信息、工作职责、工作权限、工作关系、负荷程度、工作条件、任职资格等。其中需要重点强调的是工作职责、工作关系、负荷程度、工作条件、任职资格5个主要模块的内容。

工作职责模块，重点是调查员工在工作中承担的主要责任、主要的工作目标，需要员工对工作的主要职责进行具体的描述。其中包括每天必须完成的工作及其所占的比重、员工本人需要负责的程度；每周（每月、每季）必须做的工作及其所占的比重、员工本人需要负责的程度。

针对具体的工作，还需要员工填写履职过程中可能出现的偶发性工作、临时性工作或突发性工作内容，并明确这类工作所占的比重和员工所需要负责的程度。

表7-1　工作职责模块问卷（参考）

<table>
<tr><td colspan="3">工作职责</td></tr>
<tr><td colspan="3">1. 职责概述（描述本岗位设置目的和主要工作目标）</td></tr>
<tr><td>岗位设置目的</td><td colspan="2"></td></tr>
<tr><td>主要工作目标</td><td colspan="2"></td></tr>
<tr><td colspan="3">2. 工作具体内容</td></tr>
<tr><td>①每日必做的工作</td><td>负责程度（全责/部分）</td><td>完成工作所占工作时间的比重</td></tr>
<tr><td></td><td></td><td></td></tr>
<tr><td></td><td></td><td></td></tr>
<tr><td></td><td></td><td></td></tr>
<tr><td>②每周/月/季必做的工作</td><td>负责程度（全责/部分）</td><td>完成工作所占工作时间的比重</td></tr>
<tr><td></td><td></td><td></td></tr>
<tr><td></td><td></td><td></td></tr>
<tr><td></td><td></td><td></td></tr>
<tr><td>③临时性、突发性的工作</td><td>负责程度（全责/部分）</td><td>完成工作所占工作时间的比重</td></tr>
<tr><td></td><td></td><td></td></tr>
<tr><td></td><td></td><td></td></tr>
<tr><td></td><td></td><td></td></tr>
</table>

工作关系模块，主要是调查员工与上下级的关系，并明确他们之间的交流频率。工作关系中，除了和上下级接触外，很多时候由于工作流程的需要，员工还需要和部门里的其他同事、跨部门的同事，甚至是外部的供应商、客户等进行交流。这也是我们评判员工工作任务的重要标准。

表7-2　工作关系模块问卷（参考）

<table>
<tr><td colspan="3">工作关系</td></tr>
<tr><td>与企业内部部门员工联系</td><td>岗位</td><td>发生的频率（偶尔/一般/经常/高频）</td></tr>
<tr><td></td><td></td><td></td></tr>
<tr><td></td><td></td><td></td></tr>
<tr><td></td><td></td><td></td></tr>
<tr><td colspan="2">与企业外部的组织或机构人员联系</td><td>发生的频率（偶尔/一般/经常/高频）</td></tr>
<tr><td colspan="2"></td><td></td></tr>
<tr><td colspan="2"></td><td></td></tr>
<tr><td colspan="2"></td><td></td></tr>
</table>

负荷程度模块，主要是看员工的工作时间长短以及工作饱和程度。在这个部分，我们需要调查员工的基本工作时间以及加班情况。

除此以外，我们还需要调查员工在工作过程中是否经常出现“忙闲不均”的情况，了解员工在什么时候最忙，什么时候最闲。这有助于我们在之后的履职计划中更加具体地为员工分配任务和指标，避免出现员工某一时段工作堆积如山，无法完成所有工作，而另一时段无所事事，无事可做的情况。

表7–3　负荷程度模块问卷（参考）

负荷程度	
1. 每天工作时间自（　　）开始，至（　　）结束	共计（　　）小时
2. 加班情况说明	
3. 是否经常按时上下班	是/否
4. 所从事的工作是否忙闲不均	是/否
5. 若工作状态是忙闲不均，哪段时间最忙	从（　　）至（　　）
6. 是否经常需要出差	是/否
7. 若经常需要出差，外出时间占总工作时间的比重是多少	占比（　　%）
8. 工作负荷状况	不饱满/基本饱满/饱满/超负荷

工作条件模块，主要是了解两个方面的问题：一个是员工的工作环境如何，是在室内还是在室外，环境是舒适的还是恶劣的，等等；另一个是了解员工完成工作，需要公司提供哪些条件。具体形式如表7–4所示。

表7–4　工作条件模块问卷（参考）

工作条件			
简要描述你的工作环境，并提出建议			
工作活动	条件支持	所需设备	其他支持

任职资格模块，主要是对员工完成工作所应具备的能力进行调查，也就是调查员工的履职能力。在这个部分，我们需要了解员工的基础能力和

工作能力。

其中，基础能力方面，主要是调查员工的学历、专业、技能、经验等常规性内容。工作能力方面，需要对具体的岗位要求和工作内容进行分析，提炼出一些影响价值创造的关键性能力。具体如表7-5所示。

表7-5　任职资格模块问卷（参考）

<table>
<tr><th colspan="7">任职资格</th></tr>
<tr><td rowspan="9">基础能力</td><td>模块项目</td><td colspan="5"></td></tr>
<tr><td>学历/职称</td><td colspan="5"></td></tr>
<tr><td>专业知识和技术水平</td><td colspan="5"></td></tr>
<tr><td>岗位相关业务知识</td><td colspan="5"></td></tr>
<tr><td>计算机水平</td><td colspan="5"></td></tr>
<tr><td>外语水平</td><td colspan="5"></td></tr>
<tr><td>工作经验</td><td colspan="5"></td></tr>
<tr><td>所需接受的培训</td><td colspan="5"></td></tr>
<tr><td>个性和特质</td><td colspan="5"></td></tr>
<tr><td rowspan="11">工作能力</td><td rowspan="2">类别</td><td colspan="5">需求程度（单选，打“√”）</td></tr>
<tr><td>不需要</td><td>较低</td><td>一般</td><td>较高</td><td>高</td></tr>
<tr><td>领导决策能力</td><td></td><td></td><td></td><td></td><td></td></tr>
<tr><td>组织协调能力</td><td></td><td></td><td></td><td></td><td></td></tr>
<tr><td>工作授权能力</td><td></td><td></td><td></td><td></td><td></td></tr>
<tr><td>过程监督能力</td><td></td><td></td><td></td><td></td><td></td></tr>
<tr><td>灵活应变能力</td><td></td><td></td><td></td><td></td><td></td></tr>
<tr><td>计划执行能力</td><td></td><td></td><td></td><td></td><td></td></tr>
<tr><td>语言表达能力</td><td></td><td></td><td></td><td></td><td></td></tr>
<tr><td>书面表达能力</td><td></td><td></td><td></td><td></td><td></td></tr>
<tr><td>……</td><td></td><td></td><td></td><td></td><td></td></tr>
</table>

相对于访谈法，问卷调查法费用低、速度快、时间成本低，且可以进行大范围、普遍性的调查，能在短时间内对组织内的所有岗位和员工进行

全面的工作分析，从而制订相应的履职任务。并且，由于问卷调查中提出的问题往往可视化程度高、操作性强，且很容易将调查结果量化成数据，因此容易计算和处理。

但是，问卷调查法也有不容忽视的缺点，它最大的难点在于问卷的设计，有时候针对不同类型的岗位，需要进行调整。而想要通过问卷调查深入了解员工在工作中的具体细节，对设计者来说是个巨大的挑战。

需要注意的是，问卷调查法不像工作访谈法一样可以与员工面对面地交流，员工对调查的态度相对自由，很容易出现员工不配合或者敷衍应付的情况，从而影响我们最终的工作分析结果和履职指标制订。

对于M公司生产部门员工的工作分析，我们就采用了问卷调查法。

（3）写实分析法

写实分析法，也是进行工作分析的重要方法之一，它是通过一定的目标和要求，对员工的工作进行详细的描述，以获得翔实、清晰的员工工作情况，从而作出较为公正、客观的评价和履职设计。我们对M公司的行政职能部门员工进行工作分析时就采用了写实分析法。

写实分析法的操作相对简单。首先，从员工的实际工作中搜集相关的工作信息。其次，将这些信息进行汇总、整编、核实和校对，形成工作中的典型事件。最后，根据整理出的典型事件，对员工的工作进行分析，设计履职任务。

根据写实分析的视角，写实分析法可以分为两种类型：一种是让员工自己对工作进行写实性描述，我们称之为“工作日志法”；另一种是让上级领导对下属员工进行工作描述，我们称之为“主管人员分析法”。

工作日志法，是指让员工像写日志一样，将工作中的内容、过程和事件，按照时间顺序详细地记录下来，以便于进行工作分析的一种方法。工作日志法要求员工每天如实记录自己的工作情况，尤其是对工作任务、工作流程、工作方法、工作责任、成本损耗、时间花费等要素的描述，要真实而详细。

为了保证员工在描述工作时的准确性、真实性和可靠性，企业往往会根据员工或岗位的工作内容，设计相应的工作日志表，如表7-6所示。

表7-6 工作日志表（参考）

<table>
<tr><td>日期</td><td colspan="2">年 月 日</td><td>星期</td><td></td><td>部门</td><td>姓名</td><td colspan="3"></td></tr>
<tr><td colspan="3">事务</td><td colspan="3">事务来源</td><td rowspan="2">事务处理结果</td><td rowspan="2">处理时间</td><td colspan="2">是否完成</td></tr>
<tr><td>序号</td><td>工作项目名称</td><td>工作内容</td><td>计划</td><td>上级</td><td>例外</td><td>是</td><td>否</td></tr>
<tr><td></td><td></td><td></td><td></td><td></td><td></td><td></td><td></td><td></td><td></td></tr>
<tr><td></td><td></td><td></td><td></td><td></td><td></td><td></td><td></td><td></td><td></td></tr>
<tr><td></td><td></td><td></td><td></td><td></td><td></td><td></td><td></td><td></td><td></td></tr>
<tr><td></td><td></td><td></td><td></td><td></td><td></td><td></td><td></td><td></td><td></td></tr>
<tr><td></td><td></td><td></td><td></td><td></td><td></td><td></td><td></td><td></td><td></td></tr>
</table>

工作日志法可以记录员工每天的具体工作，因此能够为我们积累大量的素材，有助于我们进行充分的工作分析。

由于工作内容的描述人是员工自己，信息可靠性强、费用低，且往往可以深入工作的具体流程中，充分体现出员工的工作内容、流程、责任，甚至是工作方法和能力要求等诸多指标，这对于我们拟定履职任务大有裨益。

不过，写实分析法需要长时间的积累，因此不论对企业、员工，还是对分析人员来说，都是一种考验，需要形成相应的机制并长期坚持。在实际的操作中，由于工作表述的第一手资料来自员工的记录，为了表功，有些员工很可能夸大自己的工作内容、劳动付出、时间成本或者取得的成绩，这对我们之后的工作分析和履职指标设定，会造成一定的影响。

因此，除了员工的记录，很多企业还会让直接上级领导参与工作记录工作，以矫正员工主观描述造成的偏差，这就是主管人员分析法。

主管人员分析法，是由主管人员行使日常的管理权力，来记录与分析所管辖员工的工作任务、责任与要求等因素的一种方法。

和工作日志法相似，主管人员分析法也需要对员工的工作进行常规的记录。它们的区别在于，工作日志法是员工自己对工作的记录，而主管人员分析法则是由上级领导来记录。这样做，一方面可以矫正员工的主观偏差，另一方面也可以从更高的层级、更广的视角来审视员工的工作付出、价值产出和责任承担等。

通常来说，主管人员在进行工作描述和分析时，也需要一份针对岗位和工作内容制订的表格，如表7–7所示。

表7–7　主管人员工作分析表（参考）

<table>
<tr><td colspan="6">1. 职位信息</td></tr>
<tr><td>部门</td><td></td><td>工作地点</td><td></td><td>任职者姓名</td><td></td></tr>
<tr><td>主管人姓名</td><td></td><td>日期</td><td></td><td>主管人签字</td><td></td></tr>
<tr><td colspan="6">2. 工作职责</td></tr>
<tr><td colspan="2" rowspan="2">常规工作项目</td><td colspan="4"></td></tr>
<tr><td colspan="4"></td></tr>
<tr><td colspan="2" rowspan="3">定期和临时工作项目</td><td colspan="4"></td></tr>
<tr><td colspan="4"></td></tr>
<tr><td colspan="4"></td></tr>
<tr><td colspan="6">3. 工作指标</td></tr>
<tr><td colspan="2" rowspan="2">定性事件</td><td colspan="4"></td></tr>
<tr><td colspan="4"></td></tr>
<tr><td colspan="2" rowspan="3">定量数据</td><td colspan="4"></td></tr>
<tr><td colspan="4"></td></tr>
<tr><td colspan="4"></td></tr>
<tr><td colspan="6">4. 工作关系</td></tr>
<tr><td colspan="3">监督职位名称</td><td colspan="3"></td></tr>
<tr><td colspan="3">直接主管职位名称</td><td colspan="3"></td></tr>
<tr><td colspan="3">统一直接主管之下的其他职位名称</td><td colspan="3"></td></tr>
<tr><td colspan="3">直接下级职位名称</td><td colspan="3"></td></tr>
<tr><td colspan="6">简述下属的主要工作职能</td></tr>
<tr><td colspan="6">5. 主要职责和代表性的工作项目</td></tr>
<tr><td colspan="2">序号</td><td>职责或项目名称</td><td colspan="3">简要描述</td></tr>
<tr><td colspan="2">①</td><td></td><td colspan="3"></td></tr>
<tr><td colspan="2">②</td><td></td><td colspan="3"></td></tr>
<tr><td colspan="2">③</td><td></td><td colspan="3"></td></tr>
</table>

续表

6. 典型事例或任职时遇到的事例		
序号	事例名称	简要描述
①		
②		
③		
7. 岗位权限		
权限1		
权限2		
权限3		
8. 其他情况与要求		

主管人员分析法的优点显而易见：第一，主管人员是员工的直接上级领导，了解员工的具体工作内容，因而可以对员工的工作内容、责任、能力要求等，作出一个较为专业的判断。第二，主管人员往往能站在更高的高度，从部门及企业利益的角度，评价员工的价值创造，避免员工的主观判断和纠正认知误差。

不过，很多时候，主管人员自身也容易出现认知偏差，这是我们需要注意的。在实际工作中，我们甚至发现一些主管人员在进行工作描述和分析时纵容下属，或“事不关己，高高挂起”，或推卸责任。

主管人员出现这种态度，说明企业的管理出现了问题，需要及时进行调整，对主管人员进行培训、指导和教育。

M公司在进行工作分析时同时运用工作日志法和主管人员分析法，这样既能避免员工的描述偏差，也能避免主管的不负责任，可以相互佐证，双管齐下，起到很好的效果。

（4）关键事件法

关键事件法就是将员工在工作中一些成功的或失败的行为、事件加以描述、整理和分析的一种方法。我们对M公司市场营销部门员工进行工作分析时就采用了关键事件法。

关键事件法的重点就在“关键”二字，要求抓住对工作来说影响重大、非同一般的事件、行为或动作进行描述。值得注意的是，这些“关键”行为，可能是工作迈向成功的因素，也可能是工作走向失败的引线；可能让员工的工作态度变得积极，也可能让员工的工作态度走向消极。无论何种，只要对工作来说影响重大，都是关键事件法需要整理和分析的内容。

这种方法通常建立在员工对工作的自我描述、上级领导主观的描述和分析、日常的工作观察和面对面访谈所获取的基本信息上，并在此基础上，寻找到关键性事件，从而对员工的工作、能力和绩效结果进行分析。

在用关键事件法进行工作分析时，往往需要遵循以下4个原则。

第一，无论是员工还是主管领导，所描述的“事件”，都必须是具体的、明确的、清晰的、全面的、单一的。这里所指的“单一”，是指一个事件在描述中，只能是该事件本身，不能掺杂其他事情。

第二，在描述时坚持“行为主体与动作原则”，也就是只看员工外在的行为和表现，而无须观察他的内心活动或行为动机。换言之，我们看重的是事件的过程和结果，而非导致事件的原因。

第三，注重事件发生的背景。员工做一件事情、一个动作、一种行为，往往都存在一定的客观背景，这也是我们需要分析的内容。对背景的分析，可以很好地帮助我们判断员工行为的有效性，判断他在工作过程中，是否做到有效履职。

第四，在描述员工取得的结果时，要重点说明员工的行为与结果的直接关系。比如，在某项团队研发任务中，某技术研发人员所取得的成果，应该是他所完成的具体任务和结果，而非整个团队取得的成果。因为团队的成果与他不存在直接相关性，其中还包括其他研发人员和工作人员的价值付出和创造。

根据上面4条原则，我们在采用关键事件法进行工作分析时，还需要抓住5个最核心的问题。

- 员工在工作中的关键性事件到底是什么？
- 导致这个事件发生的重要背景和原因是什么？
- 在这个事件中，员工采取了哪些关键行为？
- 员工的关键行为导致的直接后果是什么？
- 员工能否通过改善行为来控制后果？

针对这5个核心问题进行分析，我们就能得到员工在工作中具体的表现，以及所取得的成果。

这种方法，力求抓住工作中的重要事件以及员工的重点行为，从而分析员工对工作的价值和影响。这对员工的履职指标设定，有着极为积极的意义。

同时，由于事件和行为是可观察、可测量的，因此可以为履职指标的形成提供良好的依据和凭证，避免企业与员工产生分歧。

不过，关键事件法往往建立在观察法、访谈法、问卷调查法、写实分析法的基础之上。因此，其程序更为复杂，耗费的时间和成本也更多。对企业来说，无疑会加重负担。

用岗位研究，解析员工的工作价值

在进行履职津贴设计之前，我们要明白员工具体的履职任务是什么，并为其设置相应的履职指标。在这个过程中，企业往往需要做好两个关键性环节：一个是，通过工作分析，了解员工具体的履职任务；另一个是，通过岗位研究，解析员工所在岗位的价值贡献。

上文中，我们讲了第一个环节，介绍了4种工作分析的方法。工作分析可以帮助我们了解员工在日常工作中，到底做了什么事情，做到了什么程度，是否达到了我们的要求，是否满足其权责的要求等一系列问题。

下面我们进入第二个环节，也就是岗位研究。所谓岗位研究，就是采用一定的方法，全面了解某个岗位的作用、价值和意义，通常要搞清楚这个岗位对公司（组织）有没有作用？有多大作用？是否有必要存在？如果有必要存在，任职者需要符合什么样的要求？

关于岗位研究，我们在M公司的实践经验是，某些工作内容可以与岗位价值评估同步进行，这样更加精准和高效。

岗位研究的主要内容，可以概括为“6W1H”。所谓“6W1H”，就是What（做什么）、Why（为什么）、Who（用谁）、When（何时）、Where（在哪里）、For Whom（为谁）和How（如何做）。（见表7-8）

表7-8 “6W1H”的具体内容

6W1H	现状	原因	反思	探究
What	干什么？	为何要干？	能否不干？	应该干什么？
Why	有必要干吗？	理由充分吗？	有无价值？	有无新的理由？
Who	由谁来干？	为何由他干？	能否由别人来干？	由谁来干更合适？具体的标准是什么？
When	在什么时间干/何时完成并交付？	为何在这个时候干？	能否在其他时间干？能否延期？	应该何时干？如何进行延期？怎么做可以提前交付？
Where	在什么地方干/工作环境如何？	为何在此地/此环境干？	能否在其他地方/环境中干？	理想的工作条件是什么样的？
For Whom	向谁负责/主要工作关系是什么？	为什么是这种工作关系？	工作关系可以简化、优化或改善吗？	理想的、高效的工作关系是什么？
How	怎么干？	为何这么干？	有无更好的方法？	更好的方法是什么？

“What（做什么）”，探究的是岗位的工作范围，也就是岗位所从事的具体工作活动。比如，任职者所要完成的工作活动是什么？任职者的这些活动会形成什么样的结果或产品？任职者的工作结果要达到什么样的标准？

“Why（为什么）”，就是设置这个岗位的目的是什么，意义在哪里，能为企业带来什么价值。换言之，也就是这项工作在整个组织中的作用。比如，让某人做某项工作的目的是什么，某项工作与其他工作有什么联系，对其他工作有什么影响，对企业有什么价值。

“Who（用谁）”，就是让谁来做这项工作，让谁来履行这项职责。但实际上，它是在讨论岗位对员工的要求是什么，也就是什么样的人才能在这项工作中达到履职要求，完成履职任务。比如，员工从事这项工作，需要具备什么样的身体素质、知识和技能水平，教育程度要达到什么要求，需要什么样的经验，需要什么样的胜任力。或者，以某员工的既有工作能力（知识技能、胜任力等），是否足以达到标准，完成履职要求。由此，我们可以看出，在“WHO”这个问题上，我们实际上需要面对两个问题：第一，该工作需要什么样能力的人？第二，在该岗位的现有员工，是否满足此项能力要求？这两个问题的判断，很大程度上决定了我们在之后制订履职指标时的基本标准，所以有着重要的影响。

“When（何时）”研究的是与工作有关的时间问题，比如完成某项履职任务的时间，每天的工作量，什么时候从事何种工作，等等，包括工作活动有什么固定的时间，这些工作需要在什么时候做，什么时间能够完成并交付，哪些工作活动是每天、每周、每月必做的。

“Where（在哪里）”是指工作的地点、环境和条件等。比如工作的自然环境：地点（室内或室外）、温度、光线、噪音、安全条件等，社会环境：所处文化环境（跨文化环境）、工作群体人数、完成工作所要求的人际交往的数量和程度。

“For Whom（为谁）”研究的是工作关系，比如为谁负责，向谁负责，工作中的主要关系是什么，发生什么样的关系，等等，包括工作要向谁请示和汇报，向谁提供信息或工作结果，可以指挥或监控何人。

“How（如何做）”就是指员工具体要如何完成工作任务，如何达到履职指标，以及如何才能达成预期的履职目标（或绩效目标）。比如，工作的一般程序是什么，需要使用哪些工具，操纵什么机器，通常会涉及哪些文件，需要控制的环节是哪些。

对“6W1H”所涉及问题的回答，不仅可以判断该项工作对企业的存在价值以及价值的大小，还可以帮我们梳理该岗位的具体工作流程，改善员工的工作方法。结合在工作分析过程中获得的结果，我们就能对员工具体的履职情况有一个较为清晰的了解。在此基础上，我们制订出M公司履职津贴设计表，具体如表7-9所示。

表7-9　M公司履职津贴设计表（参考）

<table>
<tr><td colspan="8">履职津贴设计表（高管）</td></tr>
<tr><td colspan="8">第一部分：履职维度评估</td></tr>
<tr><td>姓名</td><td></td><td>工号</td><td></td><td>所属序列</td><td></td><td>薪级薪档</td><td></td></tr>
<tr><td>部门</td><td></td><td>岗位</td><td></td><td>直接上级</td><td></td><td>评估周期</td><td></td></tr>
<tr><td>履职维度</td><td>履职维度指标</td><td colspan="2">定义</td><td>履职达标标准</td><td>信息来源</td><td>是否达标（√）（×）</td><td>职务津贴占比</td></tr>
<tr><td rowspan="2">经营管理</td><td>经营层面</td><td colspan="2">对资源的整合与增值，及各项目标的达成</td><td></td><td>财务部</td><td></td><td></td></tr>
<tr><td>管理层面</td><td colspan="2">对计划、目标及组织的实施推动</td><td></td><td>所在部门</td><td></td><td></td></tr>
<tr><td rowspan="2">工作规划</td><td>战略层面</td><td colspan="2">对业务方向和未来的思考</td><td></td><td>所在部门</td><td></td><td></td></tr>
<tr><td>策略层面</td><td colspan="2">实际解决问题的能力</td><td></td><td>所在部门</td><td></td><td></td></tr>
<tr><td rowspan="2">内部运营</td><td>人才成长层面</td><td colspan="2">人才招募、发掘与培养</td><td></td><td>人力资源部</td><td></td><td></td></tr>
<tr><td>价值观层面</td><td colspan="2">践行与宣导企业文化价值观</td><td></td><td>人力资源部</td><td></td><td></td></tr>
</table>

续表

<table>
<tr><td colspan="7">第二部分：履职津贴计算</td></tr>
<tr><td rowspan="7">履职津贴计算</td><td>履职维度</td><td>履职维度指标</td><td>是否获得津贴(√)(×)</td><td>津贴计算公式</td><td>实际津贴数额</td><td>津贴总额合计</td></tr>
<tr><td rowspan="2">经营管理</td><td>经营层面</td><td></td><td>占比×职务津贴</td><td></td><td rowspan="6"></td></tr>
<tr><td>管理层面</td><td></td><td>占比×职务津贴</td><td></td></tr>
<tr><td rowspan="2">工作规划</td><td>战略层面</td><td></td><td>占比×职务津贴</td><td></td></tr>
<tr><td>策略层面</td><td></td><td>占比×职务津贴</td><td></td></tr>
<tr><td rowspan="2">内部运营</td><td>人才成长层面</td><td></td><td>占比×职务津贴</td><td></td></tr>
<tr><td>价值观层面</td><td></td><td>占比×职务津贴</td><td></td></tr>
<tr><td colspan="7">1. 签订本表前，本人已与直接上级领导进行了充分沟通，知悉并完全了解本岗位的履职维度和具体的指标情况，理解其对本岗位的管理意图并在此表中体现；
2. 本人知悉并完全了解本表所有约定并达成共识，接受公司履职评估及相关制度要求的考核；
3. 本人承诺将认真履行职务职责，实现完全履职。

直接上级领导签名：　　　　　　　　　　　　承诺人签名：
日　期：　　　　　　　　　　　　　　　　　日　期：</td></tr>
</table>

在这份表中，第一个模块是履职维度评估，主要阐述员工具体的履职维度和履职维度指标，以及各项指标的定义和达成标准。第二个模块则是与各项履职维度和指标相对应的履职津贴标准、比重的设计，以及对员工能否获得履职津贴的判断。

这里我们详细对表格的第二个模块进行解释说明，即履职津贴的计算及发放问题。

员工履职津贴的数额是由其所在的薪级、薪档决定的。我们需要重点关注各部分指标所对应的履职津贴，以及相关的计算问题。

以表7-9为例，M公司拟定的高管层履职维度为：经营管理、工作规划、内部运营3个维度。3个维度又分为经营层面、管理层面、战略层面、策略层面、人才成长层面、价值观层面6项指标。

实际上，对于每项指标，M公司都规定了相应的履职津贴数额，数据如表7-10所示。

表7-10 M公司高管层履职津贴计算表

	履职维度指标	是否获得津贴（√）or（×）	津贴计算公式
履职津贴计算	经营层面		15%×职务津贴
	管理层面		15%×职务津贴
	战略层面		25%×职务津贴
	策略层面		20%×职务津贴
	人才成长层面		15%×职务津贴
	价值观层面		10%×职务津贴

从表7-10中，我们可以看到：M公司高管层经营层面的履职津贴占比为15%，管理层面的占比为15%，战略层面的占比为25%，策略层面的占比为20%，人才成长层面的占比为15%，价值观层面的占比为10%。

确定了各履职指标的占比情况，用总的履职津贴数额，分别乘以各部分所占比例，所得结果即为各项指标对应的履职津贴的数额。在管理和执行时，只需要按照相应的指标，根据员工完成任务情况发放相应的履职津贴即可。

比如，根据表7-10，假设某管理者的履职津贴总额是20000元/月，本月员工在管理层面、战略层面、策略层面、人才成长层面、价值观层面的指标都达到相应的要求，但是在经营层面表现不佳，按照相应的标准，需扣除15%的履职津贴。那么，该高管本月的履职津贴即为20000-（20000×15%）=17000元。

02 每个人都有自己的能力档位

谈论履职津贴时，我们需要思考两个问题：其一是员工需要完成的履职维度，也就是他平时到底要干些什么，要干到什么程度；其二是员工到底有没有能力干好这些事情，获得令公司满意的效果。

事实上，当各级主管对员工进行履职访谈的时候，就需要明确这两个问题。换句话说，当我们开始进行履职津贴设计时就应该思考这两个问题。第一个问题可以通过工作分析和岗位研究来完成，而第二个问题则需要我们为员工设置个人专属的能力档位，将其归入不同的薪档，从而给予相应的履职津贴。

这些年，“薪档”这个词逐渐流行了起来。华为、阿里巴巴、腾讯、百度等公司都在各自的薪酬体系中设计了薪档。

所谓薪档，是指在同一个职级、同一个薪级下，按照员工的能力高低，为其设置的薪酬档级。在不同的档级中，员工的薪酬会有明显的区别。

当前企业的薪档少则5档、7档，多则超过10档。同在一个薪级的薪档，1级薪档的薪酬可能只有3000元、5000元，9级薪档的薪酬可能高达几万元。如此悬殊的薪酬，会极大地调动员工的工作积极性，促使每位员工提升和发展自己的能力，努力为公司创造更大的价值。

如何评估员工的能力，合理设置薪档？

薪档是按照员工能力高低而定的，因此，对于企业来说，想要设置薪档，首先就需要对员工的能力有一个清晰的认知，需要将员工按照能力的高低，划分成不同的等级。常见的设置薪档的方式有3种。

第一种是根据员工所掌握的知识或技能水平来判断员工的能力，从而设置薪档。在这种划分方式下，企业一般认为，知识或技能水平高的员工，其在工作中所能表现出的能力往往较强。因此，企业只需要对员工的知识或技能水平进行考查就可以了。

考查的方式很简单，通过构建一套与员工具体工作相关的知识/技能模型，划分出不同的等级和分值，按照员工所掌握的知识/技能水平的高低，逐个进行等级划分，再根据等级进行打分，得出具体的分值。最后将分值归入相应的区间，就形成了员工的能力等级，进而得出员工的薪档。

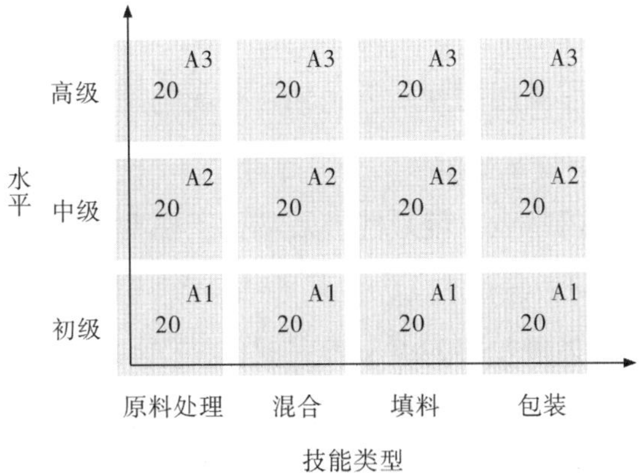

图7-1　M公司技能矩阵模型

比如，在图7-1的技能矩阵模型中，M公司将某生产工人的技能类型划分成原料处理、混合、填料、包装4项，其中每一项技能分为初级、中级、高级3个等级。每项技能每个等级的能力分值是20分。

比如，生产工人小王掌握了原料处理、混合、填料3项技能，且有2项达到高级水平，1项达到中级水平，那么他的技能分值就是160分。

这个矩阵模型的最高分和最低分分别是240分（掌握所有能力并达到高级水平的员工，最高可以达到240分）和20分（只掌握一项初级技能）。

如果该企业的薪档划分为5档，那么在最高分和最低分之间可划分出5个技能档位区间，分别是：20—64分、64—108分、108—152分、152—196分、196—240分。

在这5个技能档位中，生产工人小王的技能分为160分，位于152—196分这一区间，处于第四档。因此，其相应的薪档也应该在第四档。

当然，这只是M公司经过信息处理后的一个简单的例子，技能档位和薪档的划分跨度很大，现实中，对人才进行高效的区分并不容易。但设计的基本原则大致是一样的。我们可以从中了解其设计的基本原理。

第二种是根据员工的胜任力来设置薪档。所谓胜任力，就是员工完美胜任某项工作所需要的能力，它除了包括知识、技能等外在因素，还囊括了一些较为抽象的、深层的素质，比如一个人的工作动机、自我认知、个人特质、内在精神、价值观念等。

这种方式最大的特点，就是能够发现员工更为深层的能力。企业的核心人才和高管人才是否具备胜任力，是评估其履职能力高低的重要标准。

比如，M公司某事业部的副总能完成日常的业务管理、企业发展、战略规划等一系列任务，只依靠知识和技能，是远远不够的，他还要具备战略眼光、企业价值观、文化认同，作为领导的价值观念、远景部署能力、理性决策力、市场洞察力等。

评估一名员工的胜任力高低，也需要构建一套模型。胜任力模型的构建并不复杂，难点在于找到真正可以衡量员工胜任力的指标。

比如，对于市场人员，我们关注的重点是他的销售能力、对市场的感知能力、交际能力、渠道规划能力、对产品的了解程度等；对于技术人员，我们关注的重点则是他的技术研发能力、创新能力、产品改进能力等；而对于高管，我们关注的重点可能是领导能力、规划能力、部署能力、策划力、团队领导能力等。

找到可以表现特定员工胜任力的指标，将它们划分成不同的等级并赋予分值，最后按照能力分值和区间划分（类似知识/技能模型），就可以根据胜任力，得出员工的薪档。

值得注意的是，胜任力是一种特殊的能力。通常而言，能够利用胜任力来制订薪档的人员，对于一个企业来说是十分重要的。他要么是重点岗位的重点人才，要么是中高层管理者。

第三种是按照任职资格来设置薪档。任职资格是指员工就任某个职位，需要具备的最基本的能力。和胜任力相似，任职资格也包括两个方面：一是知识、技能这些外在能力；二是动机、自我认知、个人特质、价值信念、道德品质等内在能力。与根据胜任力进行划分不同，任职资格对知识和技能的判断，不需要根据模型进行评分，而是根据员工的学历、专业和经验进行判断。

比如，就“知识”来说，根据任职资格进行判断就很简单，高中文凭2分，大学本科文凭6分，硕士研究生文凭10分，博士研究生文凭15分……通过这样简单的划分，我们就能很轻松地将员工分为不同的能力等级。

一般而言，企业会把员工的任职资格分为4个核心模块，分别是基本条件、行为准则、胜任特质和其他参考项。

基本条件一般包括员工的教育背景、工作经验、培训经历、技能技巧、职位状况、绩效状况等。

行为准则是指影响工作产出和结果的特定行为要求。在制订行为标准时，需要从员工的实际工作内容出发，了解该岗位的员工有哪些工作内容，其中最重要的内容有哪些，并对这些工作内容进行精确的描述。

胜任特质，严格意义上来说并不属于任职资格，而属于胜任力的范畴。但在实际运用中，很多企业也会加入相应的内容，从而对员工作出更加全面的评价。一般来说，胜任特质主要看员工的基本素质、情感态度、价值观等。

其他参考项是根据企业自身情况单独设立的，比如，一些企业会对员工的道德、品行等提出要求。对很多岗位来说，这也是一项重要指标。

确定了这些核心模块，我们还需要给各个模块的指标设置等级并赋予分值。由于任职资格在国内应用较为广泛，普及程度也很高，所以具备相当完善的体系。

比如，M公司把任职资格分为3个等级：初级、中级、高级。初级是指员工具备有限的任职能力，了解工作的基本情况，可以完成简单的任务；中级是指员工在工作中可以较为熟练地运用知识、技能以完成工作任务；高级是指员工完全能胜任自己职责范围内的所有工作。

当然，等级的设置并不固定，企业可以根据现实情况进行调整。不过，笔者的建议是，等级数量要适中，等级过少会造成评价过于单一，等级过多会导致评估工作难度过大，影响工作效率。

确定等级后，我们还需要给每个等级赋予一定分值。最后按照各模块对应指标等级的分值，计算出员工的能力总分，再根据划分的能力区间，归入相应的档位（参考知识/技能模型），即可得出员工的薪档。

如何确定薪档数量？

根据员工的知识/技能、胜任力或者任职资格，我们将员工的能力划分成不同等级，并得出一个相应的分值，最终归入不同的能力档位。能力档位的数量与企业的薪档数量直接相关。比如，某企业原本有7个薪档，那么在对员工能力进行评估时最好将员工的能力也分成7个档位。这样做是为了方便我们将不同能力等级的员工，直接归入对应的薪档中。

而对于一些以往没有设置薪档，或需要进行薪档改革的企业来说，如何确定薪档数量呢？

其实，薪档的设置具有很强的灵活性和自主性，可以根据企业自身的实际状况和发展需求，作出一个较为主观的判断。

在这个判断过程中，企业往往需要回答以下核心问题。

- 根据现有员工情况，企业在该薪级内划分多少个薪档比较合适？
- 根据设计的薪档，企业现有员工能否被归入合适的薪档区间？纳入的薪档区间有无区分度，能否区分优秀者、普通者和较差者？
- 对于员工来说，这样的薪档划分能否满足其能力提升需求？是否给员工预留了足够的空间？是否符合大部分员工的职业发展周期？
- 对于企业来说，这样的薪档划分对员工能力的提升有无足够的激励效果？
- 企业各层级的薪档数量是否保持统一？

一般来说，如果企业能较好地解决以上问题，薪档的设置也就没有什么大问题了。不过在实际设置中，一些企业为了应对上面几个问题，往往会采取一些“极端”手段，比如，一些企业希望既能将所有员工都纳入自己的薪档体系，同时又要有较高的区分度，所以设置了大量的薪档，百余人的中小企业就设置了10来级薪档，这样显然是不合理的。

在设置薪档数量时，企业往往还要遵循以下原则。

首先是薪档数量适当原则。企业的薪档数量一定要符合企业规模、人员情况，绝非越多越好。薪酬档位太多，会导致薪档之间的差距太小，无法体现能力薪酬的差异性，对员工的激励性不足。同时，薪酬档位也不宜过少。过少的薪酬档位，不仅意味着处在该同一薪酬等级内员工加薪的空间较小，还意味着薪酬发展通道过短，会严重影响能力薪酬的激励效果。此外，薪酬档位过少还可能导致在进行能力评估后，现有薪酬档位无法完全覆盖员工在职位评估之前薪酬数值的情况。

其次是薪档数量单数最佳原则。通常，我们设计的薪档数量最好为单数，比如3档、5档、7档等。之所以如此，是因为大多数企业的薪档设计都是以薪级为基础的。每一薪级的薪档都是以该薪级的薪酬水平为设计中点值（中间档），然后向两侧延伸。在这个过程中，为了保证由中间档向两侧延伸时薪档数量分布均衡，往往需要在两侧增加相同的档数，因此形成的薪档数量往往是单数。

再次是一致性原则。所谓一致性原则，就是企业内所有薪级的薪档数量应该是一致的。比如，某企业的薪档设计，要么全都是5档，要么全都是7档，绝不能出现一个薪级是5档，另一个是7档的情况，否则不仅会造成薪档的混乱，还会破坏整个薪酬体系。

有时候，我们完成档数的设计后才发现不同岗位、不同薪级的档数不同，比如，M公司主管级薪档按情况分为5档，可是专员级却由于人数过多、员工能力差异大而分成了7档。这种情况下，我们就需要对组织内所有薪档进行分析调整，在不同职级中取一个有代表性的数据，进行综合对比，最终确定一个总体上最为合适的薪档数量。

最后是档数预留原则。所谓档数预留，就是给员工足够的发展空间，保证员工在岗位不调整、职位不变动、薪级不升降的情况下，通过能力的提升，仍然有加薪的可能，从而更好地激励员工，让员工不断提升能力，提高业绩水平。

同时需要注意，每一薪级的最低档都应有相应的员工存在，不能留有空白。这是因为最低档作为起步档，是底线和基础。如果最低档没有人，员工会很自然地认为那是虚设，不具备实际价值，而忽略其存在。

如何设计档差?

档差，也就是相邻两个薪档之间的薪酬差距。比如，某薪级中，第一档的薪酬是6000元/月，第二档是6500元/月，那么相差的500元就是它们之间的档差。

档差的设计思路很简单：先确定每一薪级的中间档，再通过档差系数，由中间档向两侧延伸，得到其他薪档。

确定中间档的方法并不难，我们的做法是，用一个薪级的薪酬基数作为替代。其原理是，中间档往往是该薪级所有薪档的中点，代表着正好符合该岗位员工能力要求的标准。从某种意义上来说，也就是该岗位对员工能力的标准要求。岗位薪酬是在岗位价值评估的基础上得到的，可以体现岗位对员工能力的标准要求。所以，将岗位薪酬作为该薪级薪档的中点值是较为合理的。

薪档系数，就是同一薪级中各薪档与中点值的比值。薪档系数可以根据企业自身情况确定，也可以参考行业薪酬数据。不管采取哪种方法，薪档系数的设置都必须和员工能力的差异度保持一致。这一点主要体现在“档差递增原则”上：第一，在不同薪级中遵循“基层较小，高层较大，整体呈现不断增加”的原则；第二，在同一薪级中遵循“档级越高，薪档系数越大，档差越大”的原则。

以某中小型互联网企业的薪酬档差设计为例。该企业根据现实需求，将薪档数量定为5档。其中，在第7级，以该薪级的薪酬基数9000元/月为第三档（中间档）的数额，规定第一档的系数为80%，第二档的系数为90%，第四档的系数为125%，第五档的系数为155%。于是，得出该薪级各薪档的具体数值为：7200元/月、8100元/月、9000元/月、11250元/月、13950元/月。

表7-11　某企业第7级薪级的档差设计

薪级	第一档	第二档	第三档（中间档）	第四档	第五档
7	80%×9000	90%×9000	9000	125%×9000	155%×9000
薪酬（元/月）	7200	8100	9000	11250	13950

由表7-11可知，在这一薪级中，该企业基本遵守了“档级越高，薪档系数越大，档差越大”的原则。

之所以必须遵循这两项“档差递增原则”，是因为在不同薪级中，随着职位的提升，通过能力增长带来的业绩变化的耗时会越来越长，晋升周期越来越长，难度越来越大；而在同一薪级中，随着档级的提升，企业对员工能力的要求越来越高，能力提升的难度也越来越大、周期越来越长、投入成本越来越高，所以档差也需要设置得越来越大，以体现这种规律。

“档差递增原则”，不仅能够体现能力变化的差异性，还可以强化薪酬的激励效果，鼓励员工在技能专业化上不断深化成为专家，或者在技能的宽度上不断拓宽以掌握更多的技能。

如何确定员工所属薪档?

简单来说，确定员工所属薪档的方法，只需十二个字就能概括：以岗位定薪级，以能力定薪档。

在前面的章节中，通过岗位价值评估，我们将所有岗位划分为不同的薪级，在此基础上，进一步按照薪档的划分，将员工按照能力的高低，归入不同薪档即可。

前文介绍了3种按照员工能力高低设置薪档的方法，按照不同能力，对员工进行评估，并得到了具体的分值，然后按照分值所在区间划分档位。

能力区间的档位是根据企业所设置的薪档数量来确定的。换言之，企业有多少薪档，就划分出多少能力区间。每个能力区间都对应着不同的薪档，而每个薪档都对应着具体的履职津贴数额。所以，将员工归档，就是按照能力区间的划分，将员工纳入不同的薪档。

比如，某家技术导向型企业对员工进行归档时，首先按照岗位价值评估结果，将各个岗位分为不同职级、薪级，形成企业的职级薪级矩阵图，明确了每个岗位的具体职级和薪级，比如技术专员岗位，归属技术员级（职级），处于第三薪级（薪级）。然后，该企业根据自身情况和发展需求，确定薪档数量为5档，并设置了相应的档差。以技术专员所在的第三薪级为例，薪档如表7-12所示。

表7-12　某企业技术专员的薪档

职级	薪级	薪档				
		第一档	第二档	第三档	第四档	第五档
技术专员	3	4600元/月	5200元/月	5800元/月	6900元/月	8300元/月

为确定人员履职津贴，该企业对所有技术专员进行了能力素质评估，比如技术专员黄某处于技术专员第三薪级的第四档，那么其对应的履职津贴就是6900元/月。

薪档不仅是区分员工履职津贴的依据，也为员工提供了重要的职业发展空间。比如，技术专员黄某，目前处于第三薪级的第四档，在同级别的技术专员中属于中等偏上的人才。在未来的职业发展中，他既可以朝着第五档努力，成为一名“技术大牛”，在技术专员岗位上发光发热；也可以“向上爬”，努力去争取主管岗位。

显然，这无异于在传统岗位薪酬的基础上，为员工提供了另一种发展路线。可别小看这样的发展机会，有时候，它不仅可以改变一名员工的职业规划，还能让企业走出困境。

M公司的做法是，先对员工的能力进行评估，再按照员工的能力高低归入不同的能力档位，进而根据企业的需求，纳入不同的薪档，并根据每个薪档的具体履职津贴，实行不同的履职激励。这样做既是公司对员工能力的一种褒奖和肯定，也是公司对高价值创造者的一种强效激励。

另外，将员工纳入不同的薪档，还有一个更为现实的价值：可以有效区分员工的能力，从而使制订的工作任务和工作指标更为精确、合理，更有针对性。

比如，同为技术专员（职级），处于第三级（薪级），但小王位于第四档（薪档），小李位于第二档（薪档），两人在能力上存在差异，他们的履职津贴也有差距。因此，二者的履职维度和任务也是有差别的。小王处于更高的薪档，拿着更高的收入，其具体的履职任务比小李的重，工作要求也比小李的高。

确定好这个度，企业不仅会在履职工作访谈、工作安排上变得更加从容，还会在接下来的绩效目标制订、绩效考核中做到目标明确，有的放矢。

第八章

为员工制订清晰的目标，设置专项绩效奖金

很多企业在薪酬问题上投入重金，可往往收效甚微。对于企业来说，将一大笔钱浪费在一些没有价值的员工身上，是何等令人沮丧的事情。

有时候，尽管我们已经发现了哪些是为企业创造价值的员工或者真正需要激励的员工，但找不到合适的激励手段。说得直白点，就是我们知道要把钱给那些有价值的员工，可是不知道怎么给。

基本工资和履职津贴的确有一定的激励效果。但从实际效果来看，单凭这部分的工资，想要彻底调动一名员工的工作积极性，或鼓励那些价值创造者追求卓越、勇攀高峰，几乎是一件不可能的事情。

事实上，真正为企业创造高价值的员工，激励他们的不是基本工资和履职津贴。他们不满足于这些“死工资”，真正吸引他们的是与其表现相匹配的浮动工资，也就是绩效奖金。

我们为M公司确定了“为价值创造者付薪”的理念，构建起“基本工资+履职津贴+绩效奖金”的基本框架，其实就是在告诉M公司的员工：如果你是一名真正优秀的人才，是一名企业期待的高价值创造者，就不该满足于“基本工资+履职津贴”，而应该追求更多的收益——绩效奖金。

绩效奖金给了员工一个现实的承诺：你的收入没有上限，只要你够努力，能创造足够的价值，你就有更多的收入。

01

设置绩效目标

绩效奖金并不等同于绩效工资，很多时候大家并不能很好地区分这两者。因此，笔者有必要在这里作一澄清，方便大家理解后面的内容。

绩效工资，是指根据员工的绩效表现，对员工完成的所有绩效结果进行回报的薪酬模式，最常见的类型有计件工资、计时工资等。

而“绩效奖金”，实际上是一种奖金项目和奖金形式，也就是对员工超过标准绩效（履职目标）的奖励，结合上一章履职津贴的概念，我们可以将其理解为：员工的业绩超出履职内容和目标后，对超额部分的价值进行的奖励。

做一个简单的比较，就可以发现两者的区别：一名工人加工零件，他每天的工作绩效标准是加工300个，每个3元，他一天完成了300个，那么，我们就支付给他300×3=900元的工资，这就是计件工资，也就是典型的绩效工资。

但如果我们规定，工人每天多完成的零件按每个4元计算，结果他今天完成了350个零件，那么，他多完成的50个零件，就要算作绩效奖金，这名工人的绩效奖金就是50×4=200元。

这就是**绩效工资和绩效奖金的区别：前者是对员工绩效工资的标准核算，后者则是对超额部分的奖励。**

绩效目标和履职任务的关系

绩效奖金是对超额部分的奖励，那么，到底超过什么额度才能获得奖励呢？这就跟前文所说的履职任务和指标要求有着密切关系。

在前面的章节里，我们提到，根据工作分析和岗位评估的结果，我们可以为每一个员工制订单独的履职任务和指标。这些任务和指标，是通过自下而上和自上而下的方式达成共识后，制订的标准目标，是员工需要完成的常规任务、常规指标和达到的常规要求。

只要员工完成了这些任务、指标，达到了要求，就能获得与之相应的履职津贴。如果哪项指标未能如期完成，则相应的履职津贴就会被扣除。

但是，还有一种特殊情况，我们必须考虑到，那就是：当一个员工创造的价值超出我们的常规预期，超额完成了履职任务时，我们该怎么做？显然，我们需要对员工超额完成的部分进行额外的激励。

因此，**绩效奖金是建立在履职津贴基础之上的，绩效目标也是建立在履职任务之上的。它们之间的关系，就像登一座高塔，只有爬过了第一层（履职），才能登上第二层（绩效）。**

当我们一步一步往上爬时，只有爬过了“履职标准任务”，才能触及“绩效奖金目标”。而“绩效奖金目标”又是搭建在“履职标准任务”之上的，需要以履职标准任务为基本的支撑和参考，就像高塔的第二层必须建立在第一层之上。理解了这一点，才能更好地进行绩效奖金的设计。

绩效奖金目标应该是履职标准任务的延展

当我们设置绩效奖金，并以此来提升员工的工作目标，引导他创造更多价值的时候，我们实际上是希望对方可以在原本的履职标准任务之上做得更好、更出色。

比如，当一名文案专员发布的文章的阅读量超过10万的履职标准任务时，我们便期待他可以带来更大的价值，如阅读量达到30万+甚至50万+。

但对于员工来说，老板的期望是他们履行工作责任后的额外负担。而想要让员工朝着我们希望的目标前进，就需要给这两个指标一定的激励，即阅读量达到30万+，员工可以获得什么奖励，阅读量达到50万+，员工又能获得什么奖励。

这就是绩效奖金目标对履职标准任务的一种延伸和提升。除了这种数据上的纵向延展，绩效奖金目标还可以横向进行延展，拓宽履职标准任务的宽度。

我们说过，履职维度规定的任务，往往是员工的常规性任务或者日常工作中的任务。但很多时候，员工不仅要完成日常工作，还要面临突发性的工作任务。

比如，一名新媒体公司的文案专员，其日常工作是完成新媒体文章的撰写和发布。但有一天，由于公司工作需要，除了完成常规性的新媒体文章撰写和发布以外，他还需要配合市场部门完成新产品的详情页文案及市场营销文宣，这就超出了他常规履职的标准任务范畴。为了调动他的工作积极性，我们可以对这项额外增加的工作设置绩效奖金，进行专项激励，这就是横向的延展。

对于企业来说，无论岗位职责划分多么清晰，总是有临时性、偶发性的工作安排，对于超出员工岗位履职标准任务要求的工作，我们可以通过绩效奖金或超额激励等手段，调动他们的工作热情，顺利实现我们想要的结果和目标。

绩效奖金目标，从企业阶段性战略目标分解而来

确定绩效奖金目标的方式有两种，除了自下而上，通过工作分析和岗

位研究，从具体的工作中获得履职指标，在此基础上进行延伸、延展和提升指标外，我们还可以从企业的阶段性战略目标中分解获得。

面对复杂多变的市场环境，如何把不确定性转化成为确定性，也是M公司在目标达成过程中面临的现实问题，笔者为他们提供了“六个一”方法，从企业阶段性战略目标中分解绩效奖金目标，即绘制“一司一图”，确定“一部一表”，制订“一人一书”。

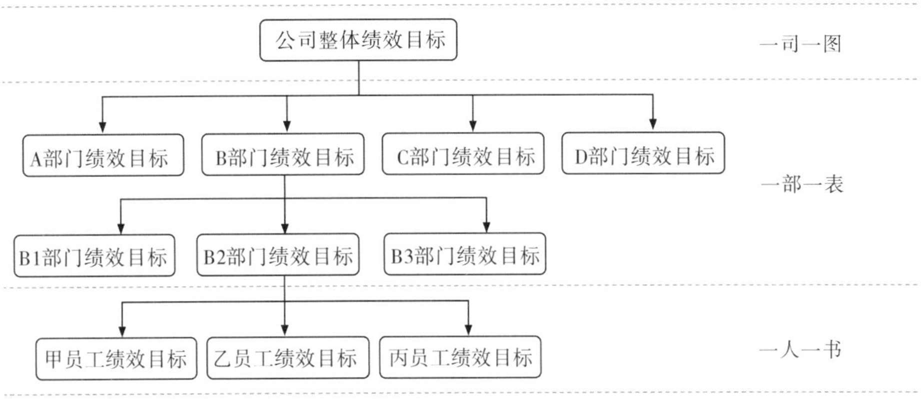

图8-1 “六个一”方法示意图

第一步，根据企业的使命愿景和发展战略，制订公司的总体目标，再把公司的总体目标转化成阶段性目标。这一步，也叫绘制企业阶段性战略目标地图，笔者称之为“一司一图”。这里的“图”，是指企业阶段性战略目标地图。

绘制企业阶段性战略目标地图的方式有很多，在前面的章节中，笔者介绍过平衡计分卡，M公司就是运用平衡记分卡，从财务、客户、内部流程、学习与成长4个维度来分解每个维度的相应指标的，最后根据指标划分，形成一张阶段性战略目标地图。

通常来说，财务维度是和企业财务相关的指标，常见的量度指标主要有营业收入、投资回报率、现金流充足度、存货周转率、销售规模、市盈率、投资收益率、销售目标达成率等，如表8-1所示。

表8-1　财务维度量度指标

财务维度	量度指标
盈利性	营业收入、收入趋势、投资回报率、经济增加值等
流动性	现金流充足度、现金流趋势、利息保障倍数、资产周转率、存货周转率、应收账款周转率、平均收账期等
销售	主要产品销售规模、销售水平、销售趋势、新产品的销售比率、销售预测的准确度等
市场价值	股票价格、市盈率、每股市价与账面价值的比率等
内部费用	人力成本总额控制率、培训费用预算达成率、招聘费用预算达成率、部门费用预算达成率、不良账款比率、投资收益率、计划达成率、销售目标达成率、专项费用达成率、办公费用预算达成率等

客户维度是和客户相关的指标，常见的如产品与服务、关系、形象、客户量等板块，通常还可以由这些板块再延伸出来一些具体量度指标及方法，如表8-2所示。

表8-2　客户维度量度指标及方法

客户维度	量度指标及方法
产品与服务	产品功能、质量、价格、时间、选择等
关系	客户调查情况、服务满意度、服务速度及效率、客户退货率与投诉率、客户投诉解决速度、续期任务达成率、服务推广数量的达成率等
形象	销售业绩趋势、市场占有率、市场知名度、市场美誉度、销售技能培训情况、媒体报道情况、危机公关出现次数及处理情况、公共关系维护状况等
客户量	老客户保有量、新客户增加量、现有客户量等

内部流程，主要是根据企业自身的内部管理、生产、研发或销售流程而制订的，具有很强的独特性和主观性。比如，在生产流程维度中最常见的有质量、生产率、设备准备、安全性等；在管理上最常见的有信息流程、数据流程、项目与方案、工作效率等。表8-3所示为一般的生产型企业的内部流程维度量度指标及方法，表8-4所示为非生产型企业的常规内部流程维度量度指标及方法。

表8-3　内部流程维度量度指标及方法（生产型企业）

内部流程维度	量度指标及方法
质量	次品数量、退货数量、废料数量、返工数量、实地服务报告、担保索赔、供货商质量缺陷等
生产率	循环时间（从原材料到完成品）、劳动效率、机器效率、浪费、返工、废料数量等
设备准备	停工时间、操作工经验、机器产能、维护等
安全性	事故影响

表8-4　内部流程维度量度指标及方法（非生产型企业）

内部流程维度	量度指标及方法
信息流程	企业信息更新及时性、信息收集准确性、信息内容出错率、信息披露及时性、信息更新延误率、新闻审稿准确性、文书档案归档率、宣传档案归档率、项目可行性分析报告质量、内部网络安全性、工作文档管理的完整性和时效性等
数据流程	报表数据出错率、财务报表出错率、财务分析出错率、预算准确率、绩效考核数据准确率等
项目与方案	策划方案成功率，个案完成及时性，项目论证的参与程度、效果，项目报告深度，等等
工作效率	工作目标计划完成率，工作协同配合度，工作承接响应度，内外沟通畅通度，统计分析准确性和及时性，会议组织、安排有效率，人员编制空置率，工作制度和工作流程实施、改进比率，后台支持的主动性，等等

学习与成长维度带有较强的主观性，它的重点是表现组织内人才的成长与发展，只要围绕这一点分解指标，原则上都是可以的。

如表8-5所示，某技术研发型企业从技能发展、员工士气、竞争力、建议与制度四个方面去设置相应的量度指标及方法。

表8-5　学习与成长维度量度指标及方法

学习与成长维度	量度指标及方法
技能发展	培训时间、技能改进、新技术掌握运用程度等
员工士气	员工自然流动率、内部员工满意度、员工满意度调查、员工状态调控计划等
竞争力	团队建设成功率、个人培训参与率、培训类别、探讨参与率、员工合作性、创新建议采纳率等
建议与制度	提出建议的数量与质量、公司制度规划的制订及实施

第二步，根据企业阶段性战略目标的“一司一图”，制订每个部门的阶段性战略目标，形成“一部一表”。这里的“表”指部门目标简表。

制订部门目标主要是根据各部门的职责范围、人员编制、历史业绩等数据，有针对性地将公司总体目标分摊给各部门。

比如，M公司某事业部的年度总体目标是完成3亿元的销售额。根据各部门的职责范围判断，这一目标与销售部直接相关，因此由公司内4个销售项目团队承担。然后，结合各销售项目团队的人员编制和历史业绩情况，M公司将3亿元的目标进行分解。譬如，A销售项目团队的目标是8000万元销售额，B团队是6600万元，C团队是7000万元，D团队是8400万元。这样一来，企业就将总体目标分配给对应的项目团队，形成了项目团队目标。

需要注意的是，绩效目标分解的过程，不是简单地进行平均分配，绝不能简单地将3亿元等额分成4份，每个销售项目团队都承担相同的目标，这是极不科学、极不合理的，应根据各销售项目团队的实际情况进行分析和研判。

表8-6　绩效目标分解（部门）

组织层级示意图	事业部绩效目标	各销售项目团队分解绩效目标		
		A团队	B团队	……
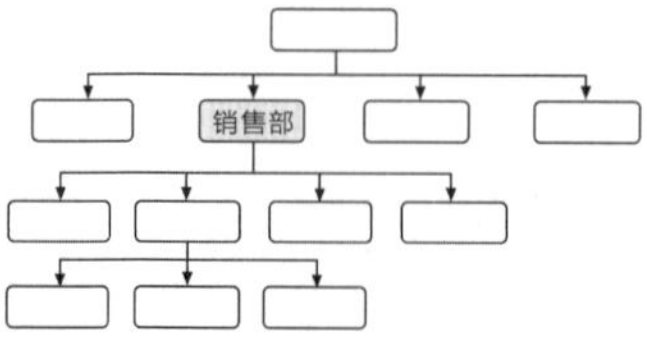	销售额3亿元 销售费用占比25%以内 新增2000个销售点 新增销售骨干50名 ……	1. 销售额8000万元 2. 新增销售点800个 3. 销售费用2000万元	1. 销售额6600万元 2. 新增销售点600个 3. 销售费用1500万元	……

第三步，根据部门的“一部一表”，制订每个员工的目标，形成“一人一书”。这里的“书”是指个人承诺书或计划书。

制订员工目标时，重点是根据岗位职责、在编人数、业务能力和市场因素等，将部门目标分解给每位员工，形成个人指标。

比如，某销售部一共有5名销售人员，其年度目标是完成4000万元的销售额。根据这5名销售人员的过往业务能力和岗位职责，该销售部为他们制订了相应的销售目标：A销售员700万元、B销售员1000万元，C销售员1200万元，D销售员600万元，E销售员500万元。

表8-7 部门绩效目标分解（员工）

<table>
<tr><td rowspan="4">销售目标分解</td><td>年度销售目标</td><td colspan="4">1000万元</td></tr>
<tr><td>季度销售目标分解</td><td>第一季度</td><td>第二季度</td><td>第三季度</td><td>第四季度</td></tr>
<tr><td>1. 销售目标（万元）</td><td>400</td><td>120</td><td>180</td><td>300</td></tr>
<tr><td>2. 销售费用占比（%）</td><td>30</td><td>30</td><td>28</td><td>25</td></tr>
<tr><td rowspan="3">增长指标分解</td><td rowspan="3">以上年度销售点和销售额为基础，本年度新的销售点开发和销售额提升</td><td colspan="4">1. A类销售点增加20个，销售额增长50%</td></tr>
<tr><td colspan="4">2. B类销售点增加80个，销售额增长100%</td></tr>
<tr><td colspan="4">3. C类销售点增加100个，销售额增长10%</td></tr>
<tr><td rowspan="3">其他指标</td><td colspan="5">1. 回款率98%以上</td></tr>
<tr><td colspan="5">2. 售点流失率2%以内</td></tr>
<tr><td colspan="5">3. 客户投诉率5%以内</td></tr>
<tr><td colspan="6">本人就本绩效承诺书与直接上级领导进行了充分沟通，知悉并完全理解本承诺书中的××××年度销售目标、增长指标和其他指标等，完全了解本绩效承诺书所有约定并达成共识，接受公司就本绩效承诺书中的绩效进行相应的绩效考核。</td></tr>
<tr><td>上级领导签名</td><td></td><td>员工签名</td><td colspan="3"></td></tr>
</table>

需要注意的是，承担不同绩效目标的员工，由于其创造的价值不同，其履职津贴和绩效奖金也应该加以区别。

还有一点，**在“基本工资+履职津贴+绩效奖金”的薪酬结构下，员工履职标准任务的本质，其实就是绩效奖金目标的最低值。**

比如，M公司为某研发人员制订的年度绩效目标是“完成2项产品研发与改进工作”。这里的“2项产品研发与改进”既是该研发人员的年度履职标准任务，也是其最低绩效奖金目标。

如果该研发人员今年只完成了2项产品研发与改进，他就刚好完成了履职标准任务，可以获得全额的履职津贴，但他没有超额完成（绩效奖金目标），因此无法获得绩效奖金。如果他完成了3项产品研发与改进工作，那么多出来的1项，就能获得相应的绩效奖金。

从这一点，我们不难发现，履职维度的任务，除了可以从工作分析和岗位研究中获取，还可以通过分解企业的阶段性战略目标得到。

当然，最好是将两种方法结合起来，一方面通过工作分析和岗位研究，自下而上和自上而下达成共识，确定履职指标；另一方面，从企业阶段性战略目标分解中，自上而下和自下而上达成共识，制订绩效奖金目标（其中包括履职标准任务，即最低绩效指标）。然后，根据过往的历史数据、实际的沟通结果等，将通过两种不同途径获得的指标结合起来，制订一个综合的履职和绩效指标。这样，制订的薪酬方案更系统化，更有说服力。

巧用KPI和KPA，为员工制订专项绩效奖金指标

需要澄清的一点是：履职标准任务和绩效奖金目标之间并不是割裂的。虽然笔者在书中用了两种不同的方法和途径来设计履职标准任务和绩效奖金目标，但实际上，履职标准任务和绩效奖金目标是紧密联系的。

对于前者，我们主要通过工作分析和岗位研究获得；对于后者，则通过从公司到部门再到员工的层层目标分解获得。

乍看之下，两种方法考虑的维度不尽相同，因此履职标准任务和绩效奖金目标考量的问题也不在同一个维度上。你可能会好奇它们是如何有机地整合在一起，形成一个完整的薪酬体系的。其实，这不仅是一个技术问题，更是一个艺术问题。我们从工作分析、岗位研究中获得的一大堆指标，实际上是站在员工和岗位的视角看问题。而我们从企业战略目标中分解出的各项目标，实际上是站在企业、战略的视角看问题。视角的差异，必然导致两者在具体指标上的分歧。所以，笔者始终强调自下而上与自上而下达成共识，当然，前提条件是我们对M公司管理者进行了充分培训与

辅导。

比如，我们从工作分析和岗位研究中获得的某销售人员的年销售额最低绩效指标，也就是履职标准任务是120万元。但是，依据战略分解，我们发现企业希望该名销售人员的年最低销售额是180万元。这个时候，我们就需要采取一些灵活、柔和的方式，与该员工就绩效进行沟通，在两项数据中寻找一个平衡点、契合点。这个点可能是150万元，也可能是160万元，或者140万元……

需要注意的是，无论履职标准任务还是绩效奖金目标的确定，绝对不是死板的、强硬的、共性的，而应该是灵活的、柔和的、个性的。

员工指标的确定，一方面要遵循技术的基本要求，需要从工作分析、岗位研究、平衡计分卡中获得；另一方面还需要遵循人心和人性的基本要求，在制订指标时，尊重和考虑员工的诉求。

比如，在制订指标的过程中，我们需要与员工进行充分的沟通，了解员工的想法和态度，并在制订指标时，询问员工的意见、想法和工作规划。结合员工的诉求，再进行综合考虑，制订相应的绩效指标和相关要求，形成企业、员工双方都认同的履职标准任务和绩效奖金目标，并在此基础上有针对性地为员工配置相应的资源和给予薪酬激励。

在这个过程中，最好的方法就是结合企业和员工的诉求，通过自下而上和自上而下的方法，为员工制订专项的、个性化的KPI或KPA指标。

KPI这个词大家并不陌生，它的全称是Key Performance Indicator，也就是关键绩效指标，是指对员工达成业绩目标，有着关键性影响的指标。KPI是目前最流行、最受欢迎的绩效衡量与考核指标。它通常以数据的形式出现，比如，某企业市场部要完成5000万元的销售额，研发部要研发5项新产品。类似这样，直接采用数字的KPI指标，是量化数字指标。而类似某客服人员的好评率达到95%，某生产工人的产品出厂合格率达到98%，这种采用比例的KPI指标，则是量化比率指标。量化数字指标和量化比率指标，是KPI指标中最常见的两种形式。

KPA是KPI的补充，大家可能会陌生一些，它的全称是Key Performance Affair，**KPA即关键绩效事件，是指对部门或个人完成绩效目标有着关键性影响的事件。**它通常以行为化的描述出现，比如，某公司行政部的年会准备工作，某行政人员的客户接待工作，某人力资源部的团队建设工作，等等，这些工作往往难以被简单量化，无法直接转化为部门或员工的KPI，这时就需要用KPA（行为、动作）来描述和衡量。

KPI和KPA都包含“关键”一词，在绩效指标的制订上，都强调“关键”指标，也就是希望用几个重要的工作指标，抓住某项工作的内核内容。

这一思路完美地继承了著名的“二八定律”。这一定律，最早由意大利经济学家帕累托提出。他认为，在任何事情中，重要的因素总是占少数，占比大约只有20%，而不重要的事情总是占多数，占80%左右的比例。

后来，这一定律被运用到绩效管理中，得到进一步发展。从KPI和KPA的角度来看，**一名员工的绝大多数考核指标都无法触及工作的核心，只有少数几项指标是可以表现其真实价值的。我们制订绩效指标的关键，就是抓住那几个最核心、最关键的指标。**

如何抓住员工的“关键”指标?

在前文，我们讲到员工的绩效目标一般都是由企业的阶段性战略目标经过层层分解而成，最终由“一司一图”，形成“一部一表”，再形成“一人一书”。

在形成“一人一书”的过程中，员工往往会得到自己的绩效奖金目标。比如，某企业的招聘专员，从部门绩效目标分解得到的个人绩效目标是“年招聘人数超过50人，新员工试用期通过率不低于80%”。这样一个简略的绩效目标，不仅无法给予员工正确的工作引导，而且标准模糊，很难让员工抓住重点。因此，我们需要将这个绩效目标分解并提炼成若干个维度的“关键性”指标。

比如，在某中小型企业给招聘专员制订的“关键”指标中，KPI指标包括：月面试数量不低于20次，通过试用期的入职人数不低于5人，试用期流失率不高于20%，等等；KPA指标包括：制订月度招聘计划、进行员工需求分析、拟定并发布招聘信息。对于招聘专员来说，这些指标都是其实现绩效的核心内容，也就是他工作中的“关键”指标。找到并提炼出这些指标，企业就抓住了招聘专员的重点工作内容。只要员工完成了上述指标，就符合企业的预期，也就自然而然地达成了企业制订的绩效目标。不过，在“关键”指标提炼的过程中，还需要遵循两大原则。

第一个原则，**职位等级越高，指标项越多；职位等级越低，指标项越少。**

这一原则很容易理解，职位等级越高，其责任越大，工作范畴越广，绩效要求也越高，所以指标项自然越多；相反，职位等级较低的员工，由于对企业的责任、贡献和工作范畴等都十分有限，所以不必设置太多的指标项。一般情况下，基层员工的KPI指标项应设定3—5个，中层管理者的指标项大概设定5—7个，高层管理者可以达到7—9个或者更多。

第二个原则，就是著名的**“SMART原则”，即提炼和制订的KPI指标应该是具体的（Specific）、可量度的（Measurable）、可实现的（Attainable）、有关联性的（Relevant）、有时限性的（Time-bound）。**

“具体的”，是指我们提炼的绩效指标要切中特定的工作内容，要具体、准确，不能笼统、模糊。

“可量度的”，是指绩效指标通常都是可被量化的，或者可被行为化的，是可以通过一定的方式、标准进行验证和衡量的。

“可实现的”，是指员工在付出努力的情况下是可以实现这些指标的，避免出现指标设置得过高，导致员工无法完成任务的现象，否则指标不但会失去激励性，还会极大地挫伤员工的工作热情和降低工作效率。

“有关联性的”，是指绩效指标通常都和上级目标具有明确的关联性。比如，员工的指标需要和部门指标、公司目标相结合。

“有时限性的”，是要求我们在制订KPI指标的时候，需要注意指标的周期性，规定指标的时间限制，比如绩效的开始日期、完成的截止日期，是需要我们确切说明的。

除了遵循以上两大原则，我们在提炼关键指标时还需要给各项指标设置明确的考核标准。这也是十分重要的一个环节，若缺乏必要的考核标准，不仅会导致指标失效，还很可能因为考核问题，引发员工的不满，导致企业内部出现矛盾和冲突。所以，考核标准的确定是指标制订环节不可或缺的步骤。

一般情况下，考核标准的设置，主要分为三类。

第一类是直接得分制。顾名思义，达到某个指标要求，就得到某个指标的分数；反之就不得分。

比如，某企业招聘专员的KPI中有一项“邀约量”，要求每月发出100个邀约。那么，如果员工完成了100个邀约，就代表完成该项指标，可获得该项指标的分数；如果员工没有发出100个邀约，就代表未能完成该指标，无法获得该指标的分数。

在KPA指标中，某家企业规定员工每完成一项就获得相应的分数，否则不得分。比如，在3项KPA指标中，某招聘专员完成了招聘计划制订、员工需求分析，但是未能及时发布招聘信息。那么，按照直接得分法，该招聘专员可以获得前两者的分数，但不能获得第三项指标的分数，如表8-8所示。

表8-8 直接得分法的应用

KPA指标	标准	对应分值	是否得分	备注
招聘计划制订	制订当月的招聘计划，包括参加哪些招聘会，在什么平台发布招聘信息，需要何种资源投入，预期的招聘效果，等等	10分	√	
员工需求分析	及时分析员工的需求，并运用到具体的招聘过程及环节当中	15分	√	
发布招聘信息	人力资源的招聘及人员配置，需在部门需求提供后的第二个工作日之内发布	15分	×	

第二类是等级得分制。这种方式是将每项指标划分成不同的等级，达到哪个等级，就获得哪个等级的分数。

比如，在KPI指标的制订上，某企业招聘专员的绩效考核总分为100分，邀约量占比20%，即该项指标总分为20分。采用等级得分制，我们可以将这一指标分为若干等级，并设定分数，例如完成100个及以上邀约获得20分（该项满分），完成80～100个（包括80个）邀约获得15分，完成60～80个（包括60个）邀约获得10分，完成60个以下不得分。

表8-9　等级得分法（KPI指标）

完成邀约数（a）	考核分值
$a \geqslant 100$	20
$100 > a \geqslant 80$	15
$80 > a \geqslant 60$	10
$a < 60$	0

如表8-9所示，假设招聘专员小李本月完成了82个邀约，对照表中相应的标准，他在此项KPI指标中，就获得15分。

KPA指标也类似，比如某企业规定将职业态度纳入招聘专员的KPA考核中，规定员工需具备团队精神，具体标准如下。

达到第一级“非常善于沟通，能与部门及其他员工积极、有效地进行交流”，可以获得15分（满分）；达到第二级“按照工作要求，能完成与部门和其他员工的基本交流”，可以获得10分；达到第三级“未能按照要求，及时、有效地进行沟通”，获得5分；达到第四级“不能独立进行部门、同事间的沟通，给工作带来阻碍”，得0分，如表8-10所示。

表8-10　等级得分法（KPA指标）

指标	等级	标准	分值	评分
团队精神	1	非常善于沟通，能与部门及其他员工积极、有效地进行交流	15	
	2	按照工作要求，能完成与部门和其他员工的基本交流	10	
	3	未能按照要求，及时、有效地进行沟通	5	
	4	不能独立进行部门、同事间的沟通，给工作带来阻碍	0	

第三类是扣分制，就是按照未达标情况，从满分中扣除相应的分数。

比如，某企业招聘专员的绩效考核总分为100分，邀约量占比20%，即该项指标总分为20分。如果采用扣分制，可以设置为每少完成1个邀约，则相应扣掉0.5分；少完成30个邀约，该项不得分。假设招聘专员小李本月完成了82个邀约，那么他可以获得11分。

不过，这里需要注意的是，由于KPA指标重点考查员工在工作中完成的行为和动作等，往往是非量化的指标，因此不容易根据指标量的完成度来进行直接扣分。KPA最常用的是直接得分法和等级得分法两种方法。

当然，也不排除一些企业会用扣分法来考核KPA，但这种方法的本质其实与得分法类似，这里笔者就不再介绍了。

在实际操作中，由于指标的重要程度、可量化程度以及企业自身的要求不同，很多企业会将3种方法混合使用，其效果也较为显著，最终得到具体的指标、要求和标准，并按照指标的关键程度，设置相应的分值和权重，如同表8-11所示。

表8-11　综合型考核标准设置

关键绩效指标	权重占比	分值	指标要求	考核标准
工作计划达成率	50%	50	计划达成率达到90%	达到90%即得50分，未达到不得分
新员工培训	20%	20	每月4次，每周二定期开展	少开1次扣10分，少开2次，该项不得分
培训资源发掘	15%	15	每月发掘4门课程	完成4门，得15分 完成2门，得8分 完成2门以下，不得分
培训需求受理率	15%	15	需求受理率达到100%	达到100%即得15分，未达到不得分

一般来说，我们在提炼出员工的指标后，往往还需要对各项指标进行核准，以保证我们的绩效指标可以全面、客观、有效地反映员工的工作情况。我们在为M公司提炼员工的指标时，通过以下6个问题来进行指标的核准。

- **是否直接关联绩效目标？**
- **是否可以被证明和考核？**
- **是否有重复考核的情况？**

• 是否可以覆盖被考核者80%以上的工作目标？

• 是否可以操作，是否与其他同事的工作不衔接？

• 是否具备调整的可能，是短期考核指标还是长期考核指标，是固定考核指标还是变动考核指标？

最后，我们还要对提炼出的KPI和KPA指标进行持续优化和改良。在绩效管理中，KPI和KPA绝不能一成不变，它们需要不断被调试和改变。一成不变的指标，不仅不能及时反映企业的发展状况和当下需求，还会引起员工的厌倦感和反感，同时，也容易形成官僚文化，让团队变得呆板，而不能及时适应动态变化的环境。

“问渠那得清如许，为有源头活水来。”无数实践证明，企业制订动态变化的指标，要比固定的KPI、KPA更能调动员工的工作积极性。

因此，企业的KPI和KPA需要在实践过程中，不断地进行优化和调整。在这个过程中，M公司借鉴了“PDCA循环”。

所谓PDCA循环，就是将绩效管理分为4个阶段，即计划（Plan）、执行（Do）、检查（Check）和处理（Act）。在管理中，企业需要把各项工作按照计划制订、计划实施、检查实施效果进行划分，然后将成功的部分纳入标准中，而将不成功的部分带入下一次“PDCA循环”去检验和解决。

无论KPI还是KPA，其思路都源自“二八定律”，即用20%的关键指标表现员工80%的核心工作和价值创造。

正因为如此，企业在制订KPI和KPA指标时，往往面临一个问题：企业是否精准地抓住了足以表现80%绩效的那20%指标？换言之，企业所选择的关键指标，是否足以表现员工绩效对企业战略及阶段性战略目标产生的实质性影响？

目前这是大多数企业无法拍着胸脯保证的。因此，这时候最好的办法就是前文提到的M公司所利用的“三级目标”，将企业的使命愿景、战略目标层层分解为公司、部门和员工各自的目标。然后再根据目标拟定员工的KPI和KPA指标。这也就是，我们一再强调，企业的绩效目标和对应的指标项，需要从企业战略中进行分解的重要原因。

除了为公司、部门、员工制订“三级目标”外，很多时候，为了提高薪酬的挑战性，更加充分地激发员工的创造性，企业往往还要给员工的各项KPI和KPA指标制订不同等级的目标，并为每个等级制订不同的薪酬策略，这就是我们常说的“三阶目标”。它与三级目标合起来，就形成了企业完善的“三级三阶目标”。

用三阶目标，让履职和绩效更明确

前面我们一再强调，履职标准任务是最低标准的绩效奖金目标，是员工获得绩效奖金的门槛，只有完成了常规的履职标准任务，员工才能进入“可以获得绩效奖金”的行列。

或者，也可以说绩效奖金目标是履职标准任务的延展、提升和强化，一旦员工完成了履职标准任务，激励他们追求“更高、更快、更强”的方式，就是去达成绩效奖金目标，进而获得绩效奖金。

搞清楚履职标准任务和绩效奖金目标的这层关系，我们就确定了一件事情，即我们为员工设置的目标，必定是有区别、有等级、有层次的，像阶梯一样，需要一步一步不断抬升。

因此，在实际的绩效指标制订中，最常用的方法，就是笔者为M公司提供的“三阶目标法”。

所谓“三阶目标法”，就是将员工的目标分为三个不同等级，分别是保底目标、挑战目标和冲刺目标。

“保底目标”就是员工必须达到的最低任务标准，也就是“履职标准任务”。

跨过了“保底目标”，员工才有机会获得绩效奖金。而获得绩效奖金的标准，就是达成更高要求的挑战目标和冲刺目标。这两个目标，不再属于履职标准任务的范畴，而属于绩效奖金目标。薪酬激励的类型也不再是履职津贴，而是额外的绩效奖金。

比如，某自媒体企业为新媒体运营专员设置的关于文章阅读量的三阶目标分别是，保底目标：每个月发布6篇文章，阅读量达到10万+；挑战目标：每个月发布9篇文章，阅读量达到10万+；冲刺目标：每个月发布12篇文章，阅读量达到10万+。

其实，这里所说的保底目标，就是员工每个月的履职标准任务，是不需要单独设置奖励机制的。挑战目标和冲刺目标则不属于履职标准任务的范畴，需要设置额外的奖金，例如，达到保底目标，但未达到挑战目标，阅读量达到10万+的文章每篇获得300元奖励；达到挑战目标，但未达到冲刺目标，阅读量达到10万+的文章每篇获得500元奖励；达到冲刺目标，阅读量达到10万+的文章每篇获得800元奖励。

这样**分层次、分等级、有差别的激励方式，可以很好地利用差异性目标，调动员工的工作积极性，让他们将精力更多地投入我们所期待完成的任务和目标中来。**

不过，需要注意的是，**三阶目标应该是“一条平滑的斜坡，而不是陡峭的台阶”**。在实际操作中，很多企业没有正确理解“三阶目标”。他们认为，员工达到了哪个标准，就应严格按照那个标准执行。例如，某企业规定营销经理的三阶目标分别是，年度保底目标（履职标准任务）：完成1500万元销售额；挑战目标：完成2000万元销售额；冲刺目标：完成3000万元销售额。

这样的三阶目标，“台阶”就有点陡峭了，保底目标与挑战目标差500万元，挑战目标与冲刺目标差1000万元，冲刺目标相当于保底目标的2倍，这个差额实属太大。不过，如果确认完成3000万元销售额是有可能的，且有历史数据作为支撑，员工认可并愿意接受，就是可行的。但是，在实际执行的过程中也会出现问题。该企业把三阶目标的门槛“踩”得太死了，完成2500万元销售额的员工，由于未达到规定的冲刺目标要求，全部都按照完成挑战目标2000万元销售额的标准拿奖金。

实际上，“完成2500万元销售额”的员工，创造的价值远高于“完成2000万元销售额”的员工。但是他们获得的奖金却是一样的，很明显，这不公平，不仅很容易引发员工的不满和愤怒，甚至还会打击员工的工作积极性，磨灭他们的工作热情，致使他们在工作中出现“卡目标、卡奖金”的情况，从而让企业蒙受损失。

原因很简单，员工在工作中会认为，既然我完成2500万元销售额的任务和完成2000万元销售额的任务获得的奖金都一样，假如无法达到冲刺目标，我还有什么必要继续努力，继续奋斗，继续创造价值呢？

这就涉及绩效奖金目标设计的方法和技巧，绩效目标的设置方法有目标绩效设置法和量化绩效设置法。目标跨度小、量化难的适合用目标绩效设置法，就是员工达成了某个具体的指标或标准，给员工相应的标准奖金。目标跨度大、易量化的适合用量化绩效设置法，就是员工达到了某个区间的具体指标，按照这个区间的核算标准来核算奖金。

因此，在设计三阶目标，尤其是超出履职标准任务的目标时，我们**需要尽可能地让其激励效果变得平滑，考虑到目标本身，或在不同目标之间存在的跨度大小、量化难易、价值创造差异的大小，要尽可能对各类价值创造的情况都能进行有效激励，不能让各目标的激励产生严重的断层和“空窗”**。

如何设定三阶目标的绩效奖金？

三阶目标的实质，是按绩效完成情况，分阶段、分等级进行差异化激励。它的优点在于，对于达到不同目标等级的员工，具备很高的区分度，可以很好地衡量其价值创造的水平。

在考核员工的目标完成情况，计算绩效奖金方面，操作非常简单，只需要用员工的实际表现对比员工的预期（保底）目标即可。

比如，某企业营销经理的履职标准任务（保底目标）中，销售指标是1500万元，挑战目标是完成履职标准任务的120%，冲刺目标是完成履职标准任务的150%。

结果到了年底，这名营销经理完成了2000万元的销售额，那么我们用实际表现除以保底目标，即2000万/1500万≈1.33来计算即可。

显然，根据规定，该营销总监达到了“三阶目标”中的挑战目标，未达到冲刺目标。所以，其绩效奖金系数，应当按照挑战目标的绩效系数进行计算。

但我们在前面的内容中提到过，如果单纯按照挑战目标规定，进行“卡门槛”式激励，很容易挫伤员工的工作积极性，使员工消极怠工，出现“卡目标、卡奖金”的情况。

这时候，我们就需要对激励方式进行调整，参考目标绩效设置法和量化绩效设置法，不仅要考虑各个目标的基础系数，同时还要在目标规定的系数基础上，累加员工的超额完成量，让激励更平滑，如表8-12所示。

表8-12　不同的绩效奖金方案

<table>
<tr><td colspan="2" rowspan="2">目标完成情况</td><td colspan="2">超额完成任务</td><td>完成履职标准任务</td><td>未完成履职标准任务</td></tr>
<tr><td>冲刺目标</td><td>挑战目标</td><td>保底目标</td><td>不达标</td></tr>
<tr><td colspan="2">目标完成率（a）</td><td>a≥150%</td><td>150%>a≥120%</td><td>120>a≥100</td><td>100>a</td></tr>
<tr><td>方案1</td><td rowspan="2">绩效奖金系数</td><td>1.5</td><td>1.2</td><td>1</td><td rowspan="2">按规定减少或扣除未完成任务部分的履职津贴</td></tr>
<tr><td>方案2</td><td>a+50%</td><td>a+20%</td><td>a</td></tr>
<tr><td colspan="6">备注：a表示员工的目标完成率</td></tr>
</table>

从表8-12中可以看出，方案1和方案2存在明显的区别。方案1就是典型的“卡门槛”式的激励方式，达到哪个目标，就按照该目标的最低标准

进行激励。在这种模式下，假设小王可以完成130%的履职标准任务，达到了挑战目标（120%）的要求，可是由于多出来的10%得不到奖金，他完成120%目标后就很可能干脆不干，或者想尽办法磨洋工、摸鱼甚至会厌恶工作，起不到我们预期的激励效果。

相反，方案2解决了这个问题。假设小王完成了130%的任务，处于挑战目标那一档，那么根据方案2，就可以按130%+20%=150%的系数来计算绩效奖金。

显然，这样的激励方式更为有效，也能激励员工创造更高的价值。不过，相应地，企业的奖金成本也会提高。

除了这两种方案以外，很多企业采用另外一种方法，那就是直接规定达成不同目标时的具体奖励数额，也就是目标绩效设置法。比如，达成挑战目标，获得2万元的奖金；达成冲刺目标，获得5万元的奖金；超出冲刺目标，按照相应比例再不断增加。员工创造的价值越多，奖金就越多。

这样的方法更为简单、直接，更容易控制成本，激励性也很强。不过，一般来说，这种方法大多适合用在那些绩效目标比较难以被量化的工作中，比如某些后勤员工、管理类员工，他们的工作不容易通过数据表现，我们就可以采用目标绩效设置法，针对员工具体的任务事件、工作行为设置目标，并制订奖金标准。

而那些工作内容容易被量化、有着明确数据参考的工作，除了可以用三阶目标法外，还可以采用提成法，即根据员工超额完成任务的比例，直接得到绩效系数，然后用绩效系数乘以奖金基数，计算得出员工的具体奖金数额。

比如，小王是某公司的销售人员，他的年度履职标准任务是完成1000万元的销售任务。公司规定，如果超额完成任务，超额部分就按照3%的比例给予奖金。结果本年度小王完成了1350万元的任务，那么他的奖金就是（1350-1000）×3%=10.5万元。

除此以外，一些企业还把“三阶目标法”和“提成法”结合起来，形成“多阶提成法”。

比如，某新媒体企业规定，文案专员每个月的履职标准任务是完成6篇阅读量达到10万+的文章。完成履职标准任务后，每增加1篇阅读量达到10万+的文章，就能获得500元的绩效奖金。这种方法的本质就是将超额任务划分成多个阶段性目标，然后对每个阶段性目标采用提成法。

多阶提成法多用于那些工作指标比较硬性，具有很明确区分度的工作，比如文案专员的“10万+”好文、HR的人员招聘、技术人员的产品研发等，这些指标之间有着很明确的区分，写了8篇阅读量达到“10万+”的文章、招聘了10名员工、研发了3个产品，这些都是一目了然的成果。采用这种方法进行激励，往往既操作简单，又能起到很好的效果。

02

分析薪酬固浮比

众所周知，**提高人效的最好方式就是让薪酬浮动起来，按照员工创造的价值进行相应的激励。**

由于员工创造的价值是弹性的，企业对他们的激励也不能一成不变。M公司原有的薪酬方案设计缺乏与公司阶段性战略目标和企业文化的连接，很多具体内容无法落地，特别是绩效管理及其考核失效，导致浮动薪酬“名存实亡”，沦为固定薪酬，如此一来，不论员工干多干少，都拿着相同的工资，企业内部缺失公平，也就没有激励效果。最终，多干活、价值高的员工，会因为得不到该有的奖励而离开；而干活少、价值低的员工，却因为得到了不应有薪酬而留下来，成为企业的“毒瘤”，最终导致M公司内部出现“劣币驱逐良币”的现象。

员工进入“怠惰”的恶性循环，他们的想法是：反正都是这么点工资，干多干少有什么区别呢？多干不如少干，少干不如不干。这给企业带来的直接后果就是人效越来越低。

网络上有这样一句话：**“上班努力工作，等于给老板打工；上班摸鱼，那才叫赚钱！”**这虽然是个段子，但反映出**薪酬缺乏浮动，给企业带来的潜在危害。**

因此，科学适当地让薪酬产生起伏，形成浮动效果，有效地区分高效和低效的价值创造者，让薪酬从静态的常量变成动态的变量，是薪酬设计的关键。

要使薪酬动态变化，最为重要的就是固浮比的设计。所谓固浮比，就是固定工资和浮动工资的比值。薪酬可以分为两种工资类型：一种是固定的，另一种是浮动的。

固浮比 = 固定工资：浮动工资

固定工资部分，是指企业每个月按时发放，数额基本不变的部分；而浮动工资部分，则是按员工的绩效表现、价值创造结果等标准，通过考核评估得到的绩效工资、奖金或长效激励等。

我们为M公司设计的“基本工资+履职津贴+绩效奖金”薪酬结构中，履职津贴需要对员工每个月的履职情况进行考核，根据结果来核算薪酬，但由于履职标准任务是最基本的绩效目标，是大多数员工可以轻易完成的，其浮动性较小，属于员工比较稳定的收入形式，因此也被算入固定工资部分，与基本工资一起，被视为“固定工资”。

而绩效奖金是根据员工达成的绩效奖金目标来确定的，员工超额完成多少任务，就能获相应的奖金。因此，这一部分属于浮动工资部分。

所以，在这种薪酬结构下，想要搞清楚企业的薪酬固浮比，其实就是要搞清楚“基本工资+履职津贴”与“绩效奖金”之间的比例。

固浮比常见的3种类型

对于任何企业来说，**固浮比都是一个十分重要的薪酬问题。一方面，固浮比是决定薪酬保障性和激励性的关键因素，对员工的激励和保障有着直接的影响；另一方面，固定工资和浮动工资的占比情况，很大程度上会影响员工的薪酬收入，对企业内部的公平感知和外部的人才吸引都有着很大的影响。**

如果浮动性太强，会让员工倍感压力，使他们在努力拼搏的同时，也会降低安全感和归属感，产生一种“身若浮萍风飘絮”的感觉。长此以往，员工就会感到疲惫、厌倦、失望，甚至是反感，最终选择离开。

如果浮动性太弱，薪酬会固化，既会导致激励性不足，也会让组织内部僵化，缺乏内驱力，员工开始“混日子”。所有人都会毫无生气，终日惶惶，不知所为，最终影响工作效率和企业文化。

因此，在企业的薪酬设计中，固浮比的设置往往是重要内容。因为它是固定工资和浮动工资之间的桥梁，企业必须认真思考固定工资和浮动工资的占比情况。

通常来说，按照占比情况的不同，薪酬固浮比可以分为3类：弹性模式、稳定模式和折中模式，如图8-2所示。

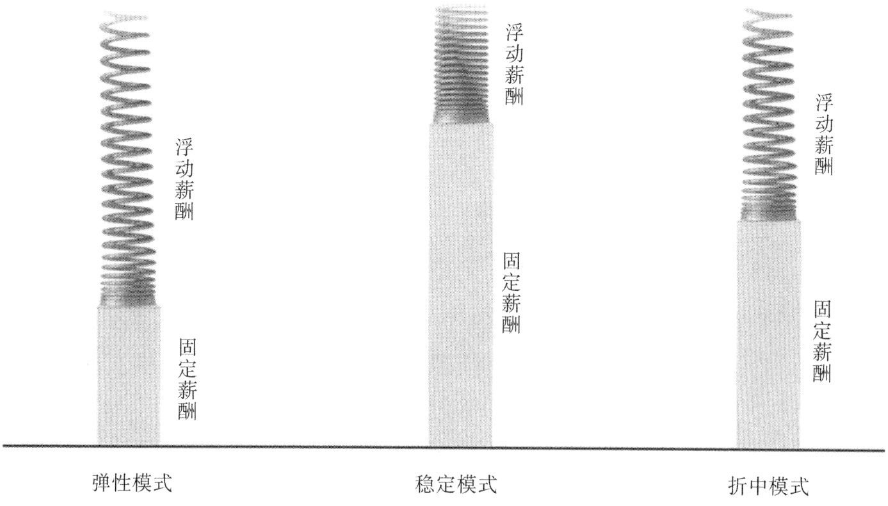

图8-2　不同类型的薪酬固浮比

弹性模式，通常是指固定工资占比在40%以下，浮动工资占比在60%以上，具备较强浮动性的薪酬结构模式。它的特点就是浮动性强、激励性强，能有效激发员工的效能，往往适用于销售导向型岗位，或者企业的副总裁、总经理、总监等高管类岗位。

稳定模式，通常是指固定工资占比在60%以上，浮动工资占比在40%以下，具备较强稳定性的薪酬结构模式。它的特点就是稳定性强、保障性好，能满足员工的安全需求，使其获得稳定的收入，往往适用于企业的行政、财务、人力资源等职能型岗位。

折中模式，是介于弹性模式和稳定模式之间，固定工资和浮动工资各占50%的薪酬结构模式。采用折中模式的岗位，有一定的业绩要求，并对整个组织的业绩有一定影响，但同时又需要相对的稳定性和安全感，比如技术研发岗位、生产工艺岗位等。

固浮比的两大设计原则

薪酬固浮比，一般都会根据企业的薪酬水平策略和薪酬结构策略来制订。

M公司在设计薪酬固浮比时，主要遵循以下两个基本原则。

首先，**职级越高，浮动性越强。**薪酬浮动性随着职位的升高而增强。

对于大多数基层岗位，由于其肩负的责任较小，创造的价值较低，对企业的影响不大，所以其绩效对薪酬的影响也不会过于明显。因此，对基层员工的固浮比设计，往往以保障性为主，强化固定工资，弱化浮动工资。

但是，随着职位的提升，员工肩负的责任越来越大，产生的价值越来越高，对企业的影响也越来越大。比如，企业高管层某个决策的失误，就可能导致企业陷入危机。这时候，我们必须强调责任的重要性，提升他们的责任感。因此，对这部分员工的固浮比设计，重点不是保障性，而是增强挑战性，强化浮动工资，使浮动工资与其工作结果相关联，相对地弱化固定工资。

比如，对专员、总监、高管的固浮比设置，总监的浮动性要强于专员，高管的浮动性要强于总监。如果专员的固浮比设置为8：2（固定工资占8成，浮动工资占2成），总监的浮动性就可达到6：4，高管的则可达到5：5或者4：6。

其次，**越偏向销售型的岗位，浮动性越强。**很多老板都有这样的心得：销售类岗位的工资一定要有浮动性，靠固定工资养不出一支优秀的销售团队。

这一点很容易理解，销售人员的固定工资太高，他们就会过度依赖固定工资，有“混日子”的心态，无法将心思用在产品销售上。因此，在同一组织内，偏销售类岗位往往会比其他岗位的浮动性强。

当然，企业到底采用何种薪酬固浮比，需要视企业的业务场景和运营模式等实际情况而定。除了要根据自身的薪酬策略，建立相应的薪酬体系外，还需要考虑岗位的业绩影响程度、岗位业绩的可量化程度和企业所处的发展周期等因素，有时甚至还要考虑行业的基本规则。

比如，对一些业绩容易量化的岗位，譬如一线生产工人、销售人员的薪酬固浮比设计，往往可以采用弹性较大的模式；而业绩不容易量化的岗位，如文案岗位、策划岗位等，一般会采用相对稳定的模式。

另外，**企业处于创业期和成长期时，可以适当调高浮动工资的比例，利用弹性模式配合中长期激励手段来激发员工的创业激情和工作热情；企业处于成熟期时，可以适当降低浮动工资的比例，让薪酬激励变得稳定和可持续，以此来增强员工的安全感、保障性，保证企业的持续性和稳定发展。**

除了考虑发展周期外，企业还可以把所在行业的友商状况作为参考依据，比如，M公司的薪酬调查就有薪酬结构项，他们对市场上各个岗位的固浮比有基本的了解，这对我们设计M公司的固浮比起到了很大的帮助作用。了解企业所在行业的销售人员、管理人员、技术人员等的工资浮动率维持在什么范畴，这些数据不仅有助于固浮比设计，还可以帮助我们对自身的固浮比结构进行调整。

浮动工资的发放方式

对于不同等级的员工，企业的薪酬设计不仅要在固浮比上体现明显的差异，而且在浮动工资的发放方式上也要有一定的区别。

比如，基层岗位，其战略责任相对较小，为企业带来的价值也较低，职责所承担的影响力较弱，因此其绩效目标不足以影响企业的长期发展，往往可以在短期内进行评估与衡量。对这些岗位的员工，最好采用月度的形式发放绩效奖金，即与固定工资一同发给员工。

一些公司将基层员工的奖金压到季度末，或以半年、一年为周期进行发放。这么做的结果是，薪酬原本强大的激励性丧失，员工拿到奖金本该高兴，可迟到的奖金却让这种喜悦大打折扣。

俗话说，“正义也许会迟到，但不会缺席”。但**对于薪酬激励来说，迟到的激励就等同于缺席，因为它起不到预期的激励效果。因此，对于基层员工，要进行即时激励。拖得越久，激励效果越差。**

对主管、经理等中层管理人员而言，他们比基层员工承担的责任更大，创造的价值也更高，职责影响的周期也更长，其工作成果也需要更长的时间来衡量，往往难以在短期内作出精确有效的评估。这种情况下，我们最好采取按季度发放绩效奖金的方式。这是权衡薪酬激励性对其职责的影响得出的结果。按季度发放绩效奖金，可以保障激励性，同时也可以保证企业对中层管理人员的工作业绩有一个准确的评估。

而企业的核心人才、高管人员、项目负责人，对企业战略和经营业绩直接负责，且对企业战略影响较大，价值创造的要求也很高。所以，通常对他们采用年薪制，也就是按年度发放绩效奖金。

年薪制是国际上较为通用的一种薪酬分配方式，在具体操作时，需要对员工进行年度绩效考核，然后按照考核结果计算出年度绩效薪酬并按年度进行发放。

不过，这里需要重点强调，除以上3种基本的奖金发放方式外，企业还可以根据自身的情况进行判断。比如，在一些小微企业，或者薪酬水平不高的企业中，员工获得的工资本来就不高，如果死板地使用年薪制，或按季度发放，将奖金发放时间拖得很久，就无法激励员工，甚至适得其反。

因此，在浮动工资的发放上，企业要讲究策略，要从自身的需求和实际出发，综合考量，不要用僵化的思维，简单粗暴地一刀切，对所有等级的岗位都一概而论。

三板斧：

完善你的管理制度

企业管理的成就不在于拥有多少天才，而在于企业能有效地激励员工，使他们创造更大的价值。

第九章

明确异动调薪，让员工清楚调薪规则

当M公司树立“为价值创造者付薪”的理念后，员工所创造的价值（履职和绩效）成为M公司支付薪酬待遇的主要依据。

一旦员工创造的价值发生改变，尤其是员工能力、所在岗位或工作任务发生改变，而导致履职和绩效发生变化，他们的薪酬待遇往往也需要随之改变。这就是企业的薪酬异动和调整。

薪酬异动的形式有很多种，主要可以分为两大类：第一类，针对企业所有员工的薪酬异动，称为“年度普调”；第二类，针对个别员工的薪酬异动，即“个别调整”。

针对所有员工的“年度普调”

年度普调，顾名思义，就是根据年度情况，对企业内大多数员工进行普遍的薪酬调整。这里所说的“年度情况”，一方面指企业的经营效益增长情况，另一方面也指员工的考评表现。

员工的考评情况，就是根据员工具体的履职标准任务和绩效奖金目标达成情况，对员工进行考核，进而确定具体的普调数额。比如，可以根据履职标准任务和绩效奖金目标的完成情况，将员工分为不同等级，按照等级标准进行年度普调。关于这一点，笔者在后面会进行详细描述。

企业的效益增长，是年度普调的主要依据。公司的效益上升，员工的涨薪幅度也会随之上调；公司的效益下滑，员工的涨薪幅度也会随之下调。这就是年度普调的基本思路，所以，**在年度普调之前，最重要的就是调查企业的效益增长情况。**

当企业的效益明显增长时，员工的收益应该与企业保持同步，涨薪的幅度可以随之上调。

但这就产生一个值得思考的问题：**对于企业来说，薪酬是个“刚性指标”，涨薪也是一个“刚性指标”，如何才能满足员工的“刚性期待”？在员工的思维里，薪酬往往只能涨不能降，涨薪的幅度和数额亦是如此。**

比如，去年公司的效益好，年度普调幅度定为10%；今年效益降低，年度普调幅度定为5%。这样的普调落差就可能会引起员工的不满，他们不会考虑企业效益的问题，而只关心拿到手里的钱的多少。因此，普调标准降低会引起众怒，很容易使企业陷入“不仁不义”的困境。

M公司正是因为连续两年的加薪情况不及预期，所以人才尤其是骨干员工和核心人才流失严重，这才使得M公司老板下决心再次进行薪酬变革。

对于年度普调，企业要有长期规划，要结合过往的普调数据、效益增长水平和对未来的基本预期，作一个综合的评估。还也可以借鉴行业相关的涨薪数据，作出判断。

当企业的薪酬水平明显低于同行，尤其是竞争对手时，普调是势在必行的方案。当我们的薪酬明显低于“友商”或直接竞争者时，为了预防人才外流，或避免组织凝聚力丧失，往往也需要对薪酬进行普调。否则，很容易在与对手的直接竞争中，处于劣势地位，或导致大批人才外流。

当然，这种**普调要根据企业本身的战略需求和薪酬策略而定，不能简单地盲目跟风，否则很容易陷入与外部对手虚耗资源的恶性竞争中。**

当企业的薪酬水平明显低于同行时，企业的竞争力、对外的吸引力等都会降低。此时进行普调，提高企业的薪酬水平，将其调整到一个合适的水平，往往是一个不错的选择。

除此以外，我们对原本的薪酬体系进行调整时，往往也需要进行普调。这种普调，是为了让员工的薪酬水平匹配新的薪酬方案。

我们给M公司制订的薪酬方案中，大多数基层员工、中层员工都有不同程度的普调，不仅匹配新的薪酬方案，更可以提振员工的信心，激励士气。只有让更多的优秀员工受益的薪酬方案，才是成功的好方案。

年度普调要讲究方法

无论何种普调原因，普调的方式都无外三种。

第一种是，根据企业的薪级薪档，普遍地提高一个等级，比如将原本处于3级3档的员工调到3级4档，通过薪级薪档的提升，来进行变相的年度普调。这就是M公司之前采用的年度普调方式。这种普调方式需要谨慎使用，因为它牵涉的情况很复杂，往往会带来牵一发而动全身的效果。并且，全员的薪级薪档调整，不仅会极大地增加企业的薪酬成本，同时还会削弱薪级薪档的效力，有违薪级薪档的设计初衷。

第二种是，按固定比例进行普调，相较而言，其往往更能满足大多数员工的诉求。比如，今年企业的效益增长了8%，企业就可以在8%的效益增长基础上，结合自身的规划和涨薪历史，综合评定一个涨薪比例。这样既不会打破原本的薪级薪档体系，同时也能满足企业年度普调的需求。不过，这种方法也会大幅增加企业的薪酬成本。

第三种是，按固定数额涨薪，这是很多企业最常用的方式，比如公司去年给某员工涨薪500元，今年计划涨薪800元，明年计划涨薪1000元。这样，既能很好地控制薪酬成本，同时也能起到一定的激励效果。

相较于前两种方法，**固定数额的年度普调的激励性较弱，可能更适合于一些基层员工**。对于中高层，尤其是企业的高级人才来说，其适用性不及前两种方法。

我们为M公司制订的年度普调方案是一种混合制的普调方案，将年度普调分为基本工资和履职津贴两大部分，基本工资部分参考社会经济发展水平与物价水平上涨程度，采用第二种方式（即固定比例）进行年度普调，比如3%、5%、8%等，与外部对标，全体员工都享受同等比值薪酬调整。而履职津贴部分则参考公司发展、效益增长和员工的个人成长进行分层分类差异化普调。分层是指根据职级薪级分为高层、中层、基层三个层级。分类是指用强制分布法，将全体员工划分为优秀、良好、一般、较差四个类别。差异化是指对高层、中层、基层三个层级中的优秀、良好、一般三个类别分别进行履职内容与履职津贴对标，采用固定数额的方式进行年度普调。

所以，**在进行年度普调的时候，企业不必拘泥于单一的方法，可以结合自身情况和发展诉求，综合采用各种方式，对不同的普调人群进行针对性的激励。**

年度普调也要因人而异

很多老板认为，年度普调就是给大家都涨涨工资，所有员工都高兴就好。这样的想法，当然是好的，但是**“一刀切”的年度普调，有时候并不能达到这种效果，反而会因为给所有员工的涨薪都差不多而招致优秀员工的不满。**优秀员工能力更强，业绩更好，创造的价值更大，但涨薪却差不多，无法满足他们的公平要求，会让他们心寒，让他们觉得自己的努力付诸东流。

结果就是优秀员工不满意，而平庸的员工却美滋滋，出现本末倒置的现象。因此，在年度普调的问题上，M公司应采取因人而异的方式。

M公司把企业内进行普调的员工分为高层、中层、基层三个层级，各层级又分为优秀、良好、一般、较差四个等级，再按照不同层级和等级，在履职津贴部分实行不同的薪酬普调固定数额。因为履职津贴的固定数额对应履职标准任务，当固定数额通过普调发生变化，其对应的履职标准任务也会发生变化，相应的绩效奖金目标也会发生变化。

M公司对普调员工的等级划分采用的是强制分布法。所谓强制分布法，就是按照一定的标准，将所有同类型员工的前20%划为优秀者（A类），中间70%划为普通者（包含良好、一般两个等级，B类），最后10%划为较差者（C类）。这种将员工进行“271”的划分，并强制分布的方法，符合著名的“271曲线”原理。

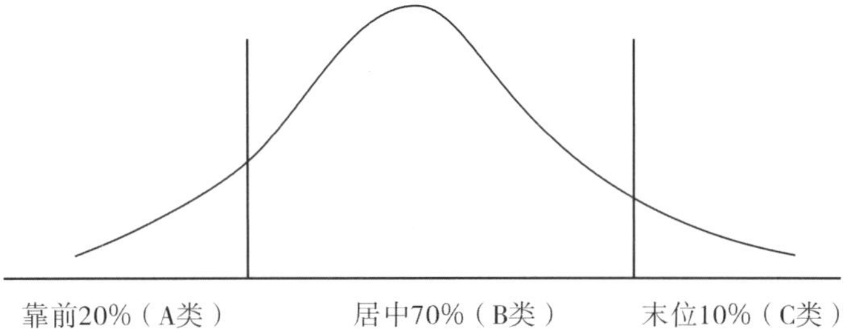

图9-1 “271曲线”

按照“271曲线”进行年度普调时，对前20%的优秀员工，我们可以提高薪酬普调的固定数额，强化激励效果，鼓励价值创造，同时起到标杆和示范作用；对于中间70%的普通员工，薪酬普调的固定数额会控制在一个适当的水平，起到一定的鼓励作用；而对最后10%的较差者，M公司的处理方式是不进行普调涨薪。

总的来说，单一的年度普调所能起到的激励效果，正在不断减弱。M公司的实践证明，**分层分类差异化普调可以起到很好的激励效果。**

针对个别员工的“个别调整”

除了进行年度普调外，M公司还采用了另一种涨薪方式，那就是“个别调整”。所谓个别调整，就是根据员工个人的表现，对其薪酬进行调整。**个别调整的类型主要有三种：第一，级内调整；第二，跨级晋升；第三，跨级降级。**

级内调整主要是对员工薪档的调整。这种调整比较普遍，主要是根据员工的能力和表现，对其薪档进行升降。

通常情况下，薪档的提升与员工的能力以及在工作中的具体表现有关。只要员工达到了某个能力标准，或在工作中满足一定的条件，就可以进行升档处理。

降档的情况比较少见，一般是由于员工在实际工作中表现出的能力没有达到企业的预期。不过，针对这种情况，企业的薪酬委员会或评估小组需进行判断。

由于高薪低效的情况大量存在，M公司就对一部分员工进行了降档，由老板、高管和人力资源负责人等组成的薪酬委员会作出决定，再由员工的直接主管和人力资源负责人进行面谈和实施。

伴随薪档的升或降，薪酬也会相应地涨或跌。比如，某员工从3级4档提升到3级5档，其基本工资和履职津贴可能从原来的6000元/月提升到6500元/月。这种变化比较简单，只需要依据企业的薪级薪档体系进行判断即可。

升档容易降档难，需要慎重操作，即使像M公司一样进行薪酬大变革的公司，我们同样不建议大规模降档，因为这极易导致出现更大的问题，降档应讲究技巧与方法，是一个实实在在的细致的“技术活”。

相对而言，后两种个别调整的类型较为复杂。跨级晋升是企业中较为常见的情况，员工从一个低级岗位晋升到高一级的岗位，由此带来职级、薪级、薪档的全面变化。

对于企业来说，员工的跨级晋升往往意味着其能力达到了更高的水平。面对这种情况，企业需要对其能力进行考查，看他的能力是否达到新晋岗位的要求。因此，在晋升考查期，员工的薪资可以保持不变。考查期结束后，再按照晋升岗位所在的职级、薪级和薪档进行调整。

当然，对于一些能力出众，或者已经在工作中展现出应有价值的晋升者，企业也可以跳过考查期，直接按照新晋岗位的标准调整职级、薪级和薪档等薪酬待遇。英雄不问出处，破格提拔更能发挥激励作用。

这样的例子并不罕见。M公司由于过往薪酬体系不合理，因此大批人才外流，一部分高管也离开了公司。无奈之下，老板让营销总监暂时接替营销副总的工作。结果，在工作中，这位总监表现良好。一年之后，他就被直接提拔为营销副总，职级、薪级和薪档等薪资待遇也同步提升。

除了跨级晋升，还有一种情况就是跨级降级。出现跨级降级的情况，往往说明员工在工作中犯了较为严重的错误，或者能力与所在职位不相匹配，或者在工作中表现不佳。

实际操作中，企业可以先降低员工的职位，但保留原本的薪资待遇。然后，设置一定的考查期限，根据考查期的表现，评估员工的价值，然后再拟定调整职级、薪级和薪档等薪酬待遇标准，将其归入合适的职位、薪级、薪档中。

当然，对于一些和职位极不匹配或表现确实不佳的员工，跳过考查期，在降级的同时同步调整职级、薪级和薪档等薪资待遇也是可以的。

比如，M公司某位员工处在副总的职位上，但具体履行的工作职责与完成的任务只是总监级别的。这时，就可以将其调整到总监的岗位上，并同步降低其职级、薪级和薪档等薪酬待遇水平。还有一个副总因为工作原因而受到降职处分，被调整到总监岗位，也是跳过考查期，直接降低职级、薪级和薪档等薪酬待遇水平，划分到最合适的职级、薪级和薪档中。

在个别调整的执行过程中，M公司除了以上3种主要的薪酬异动外，还采用了一种特殊形式：招聘入职。对于新招聘的员工，企业往往会根据其所在岗位确定薪级，然后再根据具体的履职任务和能力要求拟定薪档。

一般情况下，新入职的员工会有一个试用期。试用期间，员工的薪档往往比企业拟定的薪档低一级，目的是为试用期结束后的升档做准备。

比如，某公司招聘一名文员，预期的薪级薪档是4级3档。在试用期间，就可以将该文员的薪级薪档拟定为4级2档，并按照该薪级薪档的待遇发放薪资。待试用期结束再调整到4级3档，并匹配相应的薪酬待遇。

无论是何种情况的“个别调整”，企业在进行薪酬异动的时候，都要遵循一个原则，那就是**“薪随岗动”，或者叫“易岗易薪”。也就是说，员工的岗位发生调整、工作任务发生变化，员工的薪级薪档也随之发生变化，相应的薪酬自然也就随之调整。**

这时候，通过对员工的岗位、能力、履职、绩效等进行考评，找到员工最合适的薪级薪档，再按照所处薪级薪档，确定履职津贴和绩效奖金，形成薪资标准，这就是M公司薪酬异动的主要方式。

还有一个值得注意的地方，无论是具体的薪酬设计，还是薪酬的异动调整，其衡量和判断的依据，都体现了公司的付薪理念，也就是“为价值创造者付薪”。这也是我们为M公司提供薪酬设计服务的出发点，也是M公司薪酬文化的落脚点。

M公司给员工涨薪，遵循的唯一原则就是其价值创造符合涨薪的标准和要求，这样就可以避免为了涨薪而涨薪，为了资历而涨薪，为了人情而涨薪的弊端。

同时，我们将关于涨薪和薪酬异动的标准也写进M公司的薪酬管理制度中，作为调薪的依据，形成明确的规定和标准体系，以保证薪酬异动的公平公正，避免员工私底下猜忌、怀疑和“脑补”，从而影响公司的内部氛围和企业环境。

第十章

制订薪酬管理制度，让员工明白薪酬方案

判断薪酬体系合理与否的关键，不仅在于薪酬设计方案是否合理、有效，是否符合企业实际情况及当下需求，更在于它能否真正落地、稳健运行和达到预期的效果，能否促进企业阶段性战略目标的达成以及企业各项经营管理工作的有序开展。

因此，对于薪酬变革来说，薪酬设计的方案至关重要，薪酬管理制度同样有着不可忽视的价值。

正所谓“没有规矩，不成方圆”，对于企业来说，**薪酬管理制度就是薪酬体系的“规矩”，是给员工划定“方圆”的手段，**同时也是保障企业、员工双方权利的方式，是确保薪酬体系可以正常运行的重要机制。

薪酬管理制度可以让员工清楚自己的工资是怎么来的，知道自己如何才能多赚钱，怎么做才能涨薪、升职。当员工被扣工资，或者奖金减少时，他也能清楚自己到底犯了什么“律令”，破坏了什么“戒律”，或者哪里做得不够好。

有了它，员工更清楚公司的行事风格，知道企业喜欢什么样的员工，会褒奖什么样的工作方式，赞许什么样的工作态度。明确的规则和条文，能让员工更加安心地工作，不必担心朝令夕改，也不必担心管理者变卦。

对于企业来说，**明确的薪酬管理制度可以让员工的目标更明确，工作更加高效，产出更稳定，可以让组织运转更顺畅，流程更便捷，薪酬设计方案落实更有保障，企业的薪酬管理更合理，人力资源效能更高。**

简而言之，薪酬管理制度是对员工和企业的双向保障，是企业薪酬体系稳步运行的“压舱石”。

因此，在实行薪酬变革或设计薪酬方案时，匹配对应的薪酬管理制度也是极为重要的环节。

薪酬管理制度一般主要涵盖企业的原则与理念、目的与范围、模式与结构、政策与策略、流程与标准、组织与管理，以及其他在薪酬管理中可能遇到的问题。

按照具体形式，薪酬管理制度可以分为两大类：一类是“纲领式”，另一类是“细则式”。

“纲领式”薪酬管理制度

“纲领式”薪酬管理制度，通常是由1个核心的制度文件+N个制度或规定模块文件组成的。核心制度文件阐释企业整体的薪酬目的、原则、定义、结构等框架，具体的薪酬内容在其他引用的制度或规定模块文件中，以参考文件的形式进行详细描述。

比如，在薪酬管理制度中，经常出现“参照《实习生管理规范》执行”“依据公司统一发布的《职级、薪级、薪档表》确定职级、薪级和薪档”“按照《考勤与休假管理制度》《劳动纪律管理制度》以及《劳动合同》”等描述，这种引述相关管理规定或制度模块的形式就属于“纲领式”薪酬管理制度。

下面笔者以曾经服务的某制造企业的“纲领式”薪酬管理制度为例来说明它的内容框架及构成。这家企业将薪酬管理制度分为总则、薪酬结构、考勤与薪假、作业流程、薪酬支付、组织管理、争议解决、其他八个章节。

第一章首先明确了制定薪酬管理制度的目的，也就是薪酬制度的

总则。

一开始阐述了企业薪酬管理的文化、理念及目的，明确了薪酬管理制度的公平性原则、竞争性原则、激励性原则、合法性原则、实用性原则、保密性原则六项原则。

接着，明确了薪酬管理制度拟定的依据，包括企业的发展战略、发展阶段、所处环境、岗位评估结果、能力素质评估结果、绩效目标制订、战略事件规划等。

第一章的最后明确了薪酬管理制度的适用范围是企业的全体员工等。

第二章重点阐述了薪酬的构成，以及设置薪酬管理制度的目的。主要包括基本薪酬、绩效薪酬和战略薪酬等的目的、意义和结构，进一步详细地阐述了各部分薪酬的设计来源，讲明了每个薪酬模块以及整体构成的设计思路。

第三章对员工的考勤和薪假进行了规定。

第四章对员工的招聘、录用、入职、转正，职位的升降、调整，以及薪酬调整等一系列操作流程进行了阐释。

第五章对薪酬核算和薪酬支付的一系列内容进行了说明。

第六章对薪酬管理组织进行了介绍。首先约定薪酬管理组织主要由薪酬委员会和各级职能管理部门构成；其次规定了薪酬委员会的具体成员，主要包括总经理、副总经理，以及财务部、人力资源部、行政部等部门的相关高管人员等；最后对每个成员的主要职责进行了界定和明确。

第六章对薪酬的核算争议和调整争议进行了明确。

第七章对薪酬管理中可能出现的其他问题进行了整理和描述，包括薪酬制度的有效期限、制度的权限范围、附件和补充意见的效力等。

该企业采用“纲领式”薪酬管理制度，在每一条的细则中没有进行过于细致的阐述，而是通过相关文件进行引述。

比如，第二章中关于绩效薪酬的详细构成内容为“详见《公司管理人员绩效薪酬规定》《公司专业技术人员绩效薪酬规定》和《公司销售人员绩效薪酬规定》”，第三章中关于考勤与薪假的描述为“详见《公司考勤制度》”，第五章中关于基本薪酬的核算的描述为“详见《公司基本薪酬核算标准》”。

总的来说，“纲领式”薪酬管理制度的核心就在于提纲挈领、抓关键和立框架。这种对薪酬管理制度的“瘦身”，使得企业的薪酬管理更加灵活、机动，能够随机应变，随时调整某项规定和制度的细节内容，而不会影响薪酬管理制度。

但是，这样一来也会造成薪酬管理制度的精细化程度不足，需要查阅的资料过多，增加了员工了解薪酬管理制度的难度。在M公司薪酬设计中，为了提高薪酬管理的精细程度，我们为其制订了“细则式”薪酬管理制度。

“细则式”薪酬管理制度

“细则式”薪酬管理制度，通常由1个制度文件+N个分项制度文件+N个配套模板或表格组成。也就是说，“细则式”薪酬管理制度将所有关于薪酬管理的内容全都归纳为一个制度文件。

与“纲领式”薪酬管理制度相比，“细则式”薪酬管理制度更注重制度的精细程度。比如，在“纲领式”薪酬管理制度中，“年终奖管理规定”“福利管理规定”“绩效考核管理制度”等内容大多是参考公司相关制度或规定文件中的内容，所以不再予以详细描述。但是，在“细则式”薪酬管理制度中，则需要把所有涉及薪酬的规定、制度等具体内容全都精细地描述出来。因此，这种薪酬管理制度非常精细，通常可以覆盖企业会遇到的所有情况、类别、条款细则等。

我们为M公司制订的试行版“细则式”薪酬管理制度分为总则、薪酬结构、基本工资、履职津贴、绩效奖金、福利津贴、薪酬的计算与支付、薪酬的确定与调整、薪酬保密、附则附件10个章节。

第一章是总则，首先明确了薪酬管理制度的目的，这一方面是为了提高员工的工作积极性、敬业精神以及团队凝聚力和荣誉感，同时保障薪酬管理的公平公正；另一方面是为了形成对内公平、对外吸引，上联战略、下接策略的机制与氛围，实现个人和企业的可持续发展。

然后是制订原则部分，包括混合导向原则、贡献导向原则、能力导向原则、绩效导向原则、可持续发展原则、公平公正原则、激励导向原则、经济性原则、保密性原则九项，并对每项原则都进行了详细的阐述。

接着，明确了制度制订的依据，并将依据分为管理依据和分配依据分开阐述。在管理依据上，重点强调通过薪酬体系来优化企业管理，促进企业和个人的目标达成，实现双赢；在分配依据上，主要强调按基本工资、履职津贴、绩效奖金等进行分配的原则。

最后，还对管理制度的适用范围、管理机构进行了明确，并对管理制度中出现的专业名词进行了解释，以避免员工理解错误。

比如，该薪酬管理制度中对“基本工资”的定义为：员工所得工资额的基本组成部分，用于保障员工基本生活，按月发放，是员工工作稳定性的基础，也是员工安全感的保证。较之工资的其他组成部分具有相对稳定性。具体来说，基本工资是根据员工所在岗位职级、薪级以及履职能力来核定的。

第二章是薪酬结构，首先对薪酬设计的基本思路进行了明确，详细地梳理了薪酬与履职能力、绩效目标之间的关联性，比如，在梳理薪酬与绩效目标的关系时，明确写道：“本公司所定绩效，是在完成履职标准任务后超额完成的工作任务，是基于对过往完成的超额成绩而进行的奖金激励。本制度规定，员工绩效奖金的设置，是根据员工的职类、职级、薪级和薪档来确定的。绩效考核结果和履职任务要求，将作为员工绩效奖金的核心依据，每一职类、职级及其对应的薪级、薪档，都设置了不同的绩效奖金标准与系数。绩效奖金的获得，与绩效考核的结果直接挂钩。绩效奖金的设计初衷，是让公司每一个员工都能够在本岗位的工作中获得激励，在价值创造中获得更多利益。”

然后，阐述了薪酬的构成情况，说明员工的薪酬主要由基本工资、履职津贴、绩效奖金以及其他福利津贴等构成。

最后，这部分还阐述了企业的岗位体系与薪酬体系之间的关联性，并公布了企业的岗位体系与职级薪级体系分布图。

第三章是基本工资，通过内容简述、明确释义、职级薪级、基本工资体系等内容对“基本工资”进行了详细的内容描述。

比如，在“基本工资体系”的描述中，该制度明确了具体的划分标准，特殊情况的处理，基本工资体系的修改、调整与优化的具体操作细节；对特殊情况的处理方面，规定需要由总裁办评估，并知会总裁，如有疑问，可由员工提出申请，由总裁办的评估组进行裁决，并知会总裁。

第四章是履职津贴，通过内容简述、模块划分、设计原则、具体考核等内容对“履职津贴”进行了详细的内容描述。

比如，在“具体考核”的描述中，就进行了明确的规定：连续三个月或一年内累计四个月履职内容考核不合格，以履职内容考核不合格作辞退处理。

第五章是绩效奖金，通过内容简述、设计原则、绩效考核制度等内容对“绩效奖金”进行了详细的内容描述。

比如，在“绩效考核制度”的描述中，该制度明确阐述了员工获得绩效奖金的方式，以及绩效奖金的发放标准和形式，并针对不同层级的员工进行了绩效奖金发放方式的划分，明确规定高管层按年度发放，中层管理者按季度发放，基层员工按月发放。

第六章是福利津贴，通过内容简述、福利体系、津贴体系等内容对

“福利津贴”进行了详细的内容描述。

比如，在“福利体系”中，明确了福利体系的内容，说明其涵盖基础福利、节假日、带薪年假、其他有薪休假，并对每项内容进行了详细的描述；在“津贴体系”中，明确了津贴体系的内容，说明其涵盖节日津贴、特殊岗位津贴、其他津贴等内容。

第七章是薪酬的计算与支付，主要明确了员工薪酬的计算及支付方式。其中，关于薪酬的计算，明确了相应的日薪、月薪、年薪、请假期间工资处理的相关标准；而在支付方式方面，明确了各部分工资的支付形式、支付范围、支付时间、支付周期、支付流程、代扣款项等内容。

第八章是薪酬的确定与调整，首先说明了企业薪酬的制订和调整的依据，包括基本工资和履职津贴、绩效奖金的具体确认方式。比如，关于“基本工资”的确认，需通过岗位价值评估得到岗位的类别、职级、薪级和薪档，最终形成员工的基本工资。

然后，对薪酬的具体调整事项进行了详细说明，比如调整需以员工的贡献和价值创造为依据，薪随岗动，易岗易薪。中高层员工薪酬的异动调整，需要先由员工提报薪酬异动申请表，经直接上级领导审批、人力资源部审核，并知会总裁。

年终普调主要根据国家政策、社会经济发展状况和物价水平等宏观因素的变化，行业及地区竞争状况，公司发展战略变化，以及公司整体效益情况来进行调整，包括薪酬水平调整和薪酬结构调整，规定调整幅度及规模、调整时间等由薪酬委员会根据相应的调研报告决定。

最后，这部分内容还对新员工的试用期进行了详细的阐述，对老员工的晋升、平调、降职、特殊调整等情况也进行了说明。

第九章是薪酬保密，该制度对薪酬保密的相关事宜制订了详细的规范，比如规定公司人力资源部、财务部等所有经手薪酬信息的员工必须保守薪酬秘密，同时，薪酬信息的传递渠道必须是正式的、正规的，等等。

该制度规定，员工拥有了解本人所在岗位的薪酬情况，及向主管领导询问本人薪酬问题的权利。如果员工对薪酬有疑问，须主动联系人力资源部，会同财务部门调阅薪酬明细，进行薪酬复核，但应保证对自己的薪酬严格保密，信守不打听、不攀比的原则。如果员工主动打探或泄露公司薪酬信息，造成负面影响，一经核实，将对当事人实行降薪或降级处理，影响重大的则实行辞退处理。

第十章是附则附件，也就是管理制度的最后部分，明确了本薪酬管理制度的所有附则和附件信息，以供员工查阅和参考。

对于员工来说，薪酬管理制度是一份指导文件，可以帮助他们明确企业的薪酬计划和实施目的，同时规范他们的行为，避免踩到企业的薪酬管理“雷区”。并且，薪酬管理制度中所涉及的项目和条款，可以给予员工充分的制度保障，在一定程度上强化了薪酬的激励性和保障性，从而鼓励员工不断提升个人业绩。

对于企业来说，薪酬管理制度是维护薪酬体系的重要手段，是企业战略意图的进一步延伸。有了完善的薪酬管理制度，企业才能真正让员工安心工作，不至于因为对薪酬产生疑惑而离职，才能保证企业内部的稳定和发展。同时，有了制度的规范，企业在各环节的具体执行和操作，才有“法”可依，才能避免出现各种差错。

一套明确的、完善的薪酬管理制度，不仅可以给企业和员工提供双向的保障，同时也可以避免企业在日常管理中面临的较大的薪酬问题，让薪酬在企业的日常管理中真正发挥效能，提升人效，促进企业发展，创造更大的价值。

笔者在另一本已出版的薪酬专著《成也薪酬，败也薪酬——从入门到精通的四维薪酬设计全案》中详细介绍了“纲领式”和“细则式”薪酬管理制度的编制流程，并附有完整的案例模板，欢迎各位读者通过微信扫描作者【瀚霆方法论】的二维码获取。

当然，再完美的制度也有一定的局限性，只有根据企业的发展变化适时进行修订和优化，才能更好地为企业发展保驾护航。

结语

当你阅读完这本书，再次回顾，你会发现我们为M公司设计的这套薪酬方案中的思路是多么清晰与明确。

首先，我们根据企业的战略和文化，并结合人性的特性，建议企业树立整体的付薪理念，明确自己为什么付薪。

我们要明白，哪些员工才是值得我们付薪的，是我们需要激励的主要对象；哪些员工不值得我们支付相应薪酬，不是我们的主要激励对象。当然，将那些原本不值得支付相应薪酬的人也纳入正轨，让他们成为企业所期待的样子，才更体现出薪酬变革真正的价值。

总的来说，那些为企业创造价值的人才是我们需要激励的主流人群。为此，我们需要运用一定的方法去辨识这批人才。他们在工作中会展现出某些特质，比如在业绩上、能力上，或在具体的工作中有突出的表现，能够创造出不凡的价值。

通常来说，**员工创造的价值有两种，一种是企业期待的价值，另一种是超出企业期待的价值。对于两种不同的价值，我们需要有区别地加以对待。这正是履职标准任务和绩效奖金目标的本质区别，前者是企业的最低期待，后者是员工的超额表现。这也是本书所提供的重要方法论“基本工资+履职津贴+绩效奖金”的理论根据。**

其次，我们对基本工资、履职津贴和绩效奖金的相关内容做了介绍，并阐述了每个部分的设计思路和重点环节。

譬如，如何进行岗位价值评估，如何设计职级、薪级，如何进行能力评估，如何将员工纳入薪档，如何设计履职标准任务，如何制订绩效奖金目标，如何设计各层级的薪酬固浮比。

最后，我们完成了薪酬方案的设计，对员工薪酬的异动作出必要的规范，为了把薪酬方案、薪酬异动规范及薪酬管理落实到企业的日常管理中，还推动形成与之匹配的薪酬管理制度。

薪酬是企业一切管理的支撑点，是企业提高人效、改善组效、增加营收、提升利润、达成战略目标的基点。

“薪酬不牢，经营难好；薪酬不牢，战略难保。”这句话真的是至理名言，没有吸引人的薪酬，就很难有好的员工，而没有好的员工，就很难达成企业的战略目标。

因此，想要改善经营管理方法，想要让企业战略真正落实，想要达成战略目标，最好的方法就是从源头出发，从薪酬设计上找到最佳解决方案！